Ed. original.
150.-

LES
DIABLES
NOIRS

DRAME EN QUATRE ACTES

PAR

VICTORIEN SARDOU

PARIS
MICHEL LÉVY FRÈRES, LIBRAIRES ÉDITEURS
RUE VIVIENNE, 2 BIS, ET BOULEVARD DES ITALIENS, 15
A LA LIBRAIRIE NOUVELLE

M DCCC LXIV

LES

DIABLES NOIRS

DRAME

Représenté pour la première fois, à Paris, sur le théâtre du VAUDEVILLE,
le 28 novembre 1863

DU MÊME AUTEUR

Nos Intimes! comédie en quatre actes.
Les Ganaches, comédie en quatre actes.
Les Pattes de mouche, comédie en trois actes.
Piccolino, comédie en trois actes.
La Perle noire, comédie en trois actes.
Les Femmes fortes, comédie en trois actes.
La Papillonne, comédie en trois actes.
Les Prés Saint-Gervais, comédie en deux actes.
M. Garat, comédie en deux actes.
L'Écureuil, comédie en un acte.
Les Gens nerveux, comédie en trois actes.
La Taverne, comédie en trois actes.
Les Premières armes de Figaro, comédie en trois actes.
Bataille d'amour, opéra-comique en trois actes.

LA PERLE NOIRE

ROMAN

Un volume grand in-18.

Imprimerie L. TOINON et Cie, à Saint-Germain.

LES
DIABLES NOIRS

DRAME EN QUATRE ACTES

PAR

VICTORIEN SARDOU

PARIS

MICHEL LÉVY FRÈRES, LIBRAIRES ÉDITEURS

RUE VIVIENNE, 2 BIS, ET BOULEVARD DES ITALIENS, 15

A LA LIBRAIRIE NOUVELLE

—

1864

Tous droits réservés

PERSONNAGES

GASTON DE CHAMPLIEU...	MM. Berton.
ROLAND.............	Félix.
RENNEQUIN..........	Numa.
TRICK..............	Parade. / Ricquier.
PROFILET...........	Chaumont.
CYPRIEN............	Saint Germain.
DUCROC.............	Munié. / Colson.
HONORÉ.............	Bastien.
JEANNE.............	Mmes Fargueil.
SARAH..............	Francine Cellier.
SYLVIE.............	Athalie Manvoy.

La scène de nos jours, 1er acte, près de Dieppe; 2e, 3e et 4e actes, à Paris.

Toutes les indications sont prises de la gauche du spectateur; les changements sont indiqués par des renvois. Pour la mise en scène détaillée, s'adresser à M. Ricquier, régisseur au théâtre.

LES
DIABLES NOIRS

ACTE PREMIER

Un salon de vieux château. A gauche, premier plan, une petite porte, entrebâillée, au deuxième plan, grande cheminée. Au fond, pan coupé, une porte qui conduit à la bibliothèque. — Porte d'entrée au milieu. — A droite, pan coupé, une fenêtre ouvrant sur la campagne et sur la mer, avec rideaux de soie fanés, comme le reste de la décoration — Deuxième plan du même côté, une porte conduisant à l'appartement de Jeanne. — Une table-chaises, à gauche, premier plan.

SCÈNE PREMIÈRE

HONORÉ, SYLVIE, en Poletaise.

SYLVIE, à Honoré qui paraît au fond et qui ne sait de quel côté se diriger.

Eh bien, ici.

HONORÉ, sur le seuil, déposant à terre un sac de voyage.

Voilà un chien de pays où l'on monte ! (Il descend en scène.)

SYLVIE, à la table.

Dame ! sur les falaises ! c'est aussi la beauté de l'endroit !

HONORÉ, se débarrassant de ses bagages.

Oui, c'est joli! et l'habitation aussi; parlons-en!

SYLVIE.

Regardez donc la vue! Est-ce beau? on voit la mer et Dieppe, tout là-bas!

HONORÉ, allant à la cheminée et s'asseyant.

J'aime mieux le boulevard! Fermez donc les portes au moins ; je vais m'enrhumer. (Sylvie ferme la porte de la chambre à droite.) Et c'est vous qui gardez cette baraque de château?

SYLVIE.

Non, c'est mon père, qui tient aussi la ferme!

HONORÉ.

Je lui fais mon compliment! c'est bien entretenu ici!

SYLVIE, allant à la cheminée et ranimant le feu.

Dame! nous ne sommes pas chargés des réparations! Et le vent de la mer! pensez donc! ça fait du ravage dans une maison!... surtout quand on n'y est pas venu depuis trois ans! car, comprenez-vous que madame n'a pas paru ici depuis la mort de son mari?

HONORÉ.

Ah! oui! je le comprends!

SYLVIE, allant à la fenêtre et tâchant de l'ouvrir.

Sans compter qu'elle arrive au moment où on ne l'attend pas, je n'ai eu le temps de rien ranger.

HONORÉ.

Qu'est-ce que vous faites là?

SYLVIE, poussant la fenêtre qui ne s'ouvre pas facilement.

Eh bien, j'ouvre un peu pour donner de l'air, et ce n'est pas facile! ce bois est gonflé!... (Faisant un dernier effort.) Ça y est! (La fenêtre s'ouvre ainsi que la porte du fond.) Tiens! la poignée de cuivre est tombée! ah! la voilà! (Elle la ramasse à terre.)

ACTE PREMIER.

HONORÉ.

C'est encore gentil! quel chenil!

SYLVIE, descendant en scène après avoir replacé le bouton à la serrure.

Bon! ça ira toujours bien comme ça pour aujourd'hui! Demain, on fera venir le serrurier!

HONORÉ.

Oui, et le médecin pour moi!

SYLVIE, riant.

Oh! bien! si toutes les personnes que madame amène avec elle sont aussi douillettes que vous! (Allant à lui.) Est-ce que vous venez beaucoup de monde?

HONORÉ.

Il y a madame; son oncle, M. Rennequin, un vieux qui taquine toujours tout le monde et qui se fâche après; ensuite deux cousins; tout ça des parents du défunt: et puis madame ou mademoiselle Sarah.

SYLVIE.

Comment! madame ou mademoiselle?

HONORÉ.

Oui, une amie de madame qui demeure chez elle; les uns disent qu'elle est mariée, d'autres qu'elle ne l'est pas; moi je ne crois ni l'un ni l'autre!...

SYLVIE.

Il faut pourtant bien... (Elle descend à droite.)

SCÈNE II

LES MÊMES, CYPRIEN, PROFILET.

CYPRIEN, au fond.

Allons donc! Profilet, allons donc! (Honoré se lève et va à Cyprien.)

PROFILET, entrant et allant à la table déposer sa valise*.

Mais j'arrive! j'arrive!... (Sylvie lui prend son manteau.)

HONORÉ, débarrassant Cyprien de son escarcelle.

Ces messieurs sont donc venus seuls avec les effets?

CYPRIEN.

Oui, par la voiture, ces dames ont voulu faire la route à cheval!

PROFILET, doucereux.

Des dames à cheval! quelle indécence! si elles tombaient!

CYPRIEN.

Ah! voilà le cousin Profilet qui trouve tout immoral.

HONORÉ**, descend à la table tenant la malle de Profilet.

Et M. Rennequin est aussi à cheval?

CYPRIEN.

Non! il n'a trouvé qu'un âne pour suivre ces dames! (Honoré sort, précédé de Sylvie qui lui montre le chemin.)

SCÈNE III

PROFILET, CYPRIEN.

PROFILET, pendant la sortie.

Un âne!...

CYPRIEN.

Est-ce aussi indécent, ça?

PROFILET.

Non!

* Honoré, Cyprien, Profilet, Sylvie.
** Cyprien, Honoré, Profilet, Sylvie, au fond.

ACTE PREMIER.

CYPRIEN.

Allons, tant mieux. (Frissonnant en voyant la fenêtre.) Brrr! eh bien, en voilà une idée. (Il la ferme.) Comme ça ferme... (Regardant.) Alors voilà le château! — Vieux style.

PROFILET, assis.

Oui, oui... c'est un peu fané.

CYPRIEN.

Et rococo... oh! ces guirlandes, regardez donc! Si tout l'héritage était ainsi!

PROFILET.

La cousine Jeanne n'aurait pas deux cent mille livres de rente...

CYPRIEN, à la cheminée, debout.

Oui, qui sont à nous!

PROFILET, assis près de la table.

Chut! chut!

CYPRIEN.

Oh! bien! quoi! nous sommes seuls! c'est assez de se contenir devant elle, et de faire le gracieux et l'empressé, en enrageant dans l'âme. Faut-il que cet imbécile de Dolivet, notre cousin, ait fait la sottise de l'épouser et de tester en sa faveur au détriment des héritiers directs, de vous, de moi, de l'oncle Rennequin, et que nous venions en invités là où nous devrions entrer en maîtres! Et cela ne vous agace pas, vous? Et vous croyez que tout à l'heure encore, à Dieppe, quand elle m'offrait une seconde tasse de thé, et des sandwichs, je n'avais pas envie de lui crier : Mais j'en prendrai si je veux, de ton thé et de tes sandwichs! mais il est à moi, ton thé! mais ils sont à moi, tes sandwichs!

PROFILET, doucement.

Pas encore! mais cela viendra peut-être!... (Il tire sa tabatière.)

CYPRIEN, retournant à la cheminée.

Après sa mort!... quand nous n'aurons plus de dents!...

PROFILET, prend une prise de tabac.

Peuh! qui sait? ce brave cousin était un original, qui nous a laissé une chance de salut!

CYPRIEN.

Oui! jolie! il donne tout son bien à sa veuve à condition qu'elle ne se remariera pas...

PROFILET, se levant.

Et que si elle se marie, toute la fortune fait retour aux héritiers directs... c'est-à-dire! à vous! à moi! à Rennequin!

CYPRIEN.

Eh bien?

PROFILET.

Eh bien, mais!...

CYPRIEN.

Eh bien, elle ne se remariera pas! quoi, c'est très-évident!

PROFILET.

Il faut voir!...

CYPRIEN.

Oh! c'est tout vu!... Et nous sommes volés!

PROFILET, prêtant l'oreille.

Chut! voici ces dames!

CYPRIEN.

Oui! on court!

PROFILET, allant vivement à la fenêtre.

On court!

CYPRIEN, avec une certaine nuance d'espoir.

Il est arrivé quelque chose! un accident, le cheval!...

PROFILET, de même.

Elle se serait tuée!...

SCÈNE IV

Les Mêmes, JEANNE, SARAH*.

JEANNE, entrant par le fond et soutenant Sarah.

Pas encore!

CYPRIEN.

Ah! chère cousine!

PROFILET, de même.

Nous étions dans une inquiétude!...

JEANNE, essoufflée.

Oui, oui! Un peu d'air, s'il vous plaît... pour Sarah.

SARAH.

Non! une chaise!... (Jeanne fait asseoir Sarah sur la chaise qui est près de la table; Cyprien donne à Jeanne un flacon de sels.)

PROFILET.

Qu'est-il donc arrivé?

JEANNE.

Ah! ce n'est rien! une petite aventure, et une peur!

PROFILET et CYPRIEN.

Une aventure?

JEANNE.

Oui! nous avions pris toutes deux par la grève!... c'est le plus beau! c'est le plus court! et nous avions une heure de marée basse, pour faire un quart de lieue, nous nous amusions à regarder les rochers, les herbes, les falaises, tout ce qui se rencontrait, enfin!... en nous arrêtant à chaque pas! De l'heure qui s'avançait, du reflux et du danger... aucune idée!... quand tout à coup, je sens frissonner mon cheval... il se met à gratter la terre de son pied!... puis le vent se lève et fraîchit. Je me

---

* Cyprien, Jeanne, Sarah, Profilet.

retourne et je vois !... Une frange d'écume roulait sur la grève à cent pas de nous, et devant, à un détour de la falaise, le passage était déjà cerné par une foule de petites vagues courant l'une sur l'autre ! — Je crie: « Sarah ! Sarah ! la marée haute !... nous sommes perdues ! » — Je lance mon cheval, Sarah suit, et déjà les lames arrivaient, arrivaient, de quelle vitesse, vous le savez !... Et puis, le vent de la pleine mer, et tout cela déferlant, bouillonnant, grondant, et nous fouettant l'écume au visage !... les chevaux effrayés courent à la falaise ! un rempart !... ils se rabattent sur les rochers ! leur pied glisse et trébuche ! Ils reviennent au sable, mais le flot l'a déjà détrempé... Je perds la tête ! Sarah ! crie: « Au secours ! » (Sarah se lève.) Les chevaux s'emportent ! je ne vois plus, je n'entends plus que le bourdonnement de la vague qui me déborde et m'envahit ! je ferme les yeux avec horreur !... je me vois perdue, morte, noyée !... Et je ne reviens à moi que sur la rampe de gazon de Varangeville, où mon cheval hennit de joie en regardant la mer à deux cents pas au-dessous de nous, et où Sarah a tout à coup une petite attaque de nerfs à cheval... (Riant.) Qui était bien la chose la plus bouffonne... ah ! ah ! ah ! mon Dieu ! que je voudrais donc rire si je n'avais pas aussi une petite crise !... (Sarah lui offre sa chaise où Jeanne tombe assise en riant aux éclats d'un rire nerveux.) Ah ! ah ! mais au moins ce n'est pas à cheval, celle-là !

CYPRIEN.

Pauvre cousine !

PROFILET.

Qu'est-ce qu'on pourrait bien ?... (Il court à la cheminée prendre un verre d'eau.)

JEANNE, riant toujours.

Oh ! rien ! ce n'est rien ! cela se calme ! Et j'en suis quitte pour une manchette perdue sur le sable !

SARAH.

Avec un bouton de diamant admirable !

JEANNE.

C'est ma rançon que la mer emportera!

CYPRIEN, à Profilet, lui prenant le verre d'eau *.

Voilà pourtant comme elle gaspille notre bien! (A Jeanne, avec empressement.) Voulez-vous un peu d'eau, chère cousine?

JEANNE, riant toujours.

Oh! non! merci! assez d'eau comme cela!

PROFILET.

Si vous ne vous étiez pas retournée, pourtant!...

CYPRIEN, à Profilet.

Oui, quand on pense que si elle ne s'était pas retournée à temps!

PROFILET.

A-t-elle une chance! (Il porte le verre sur la cheminée.)

JEANNE, respirant, gaiement.

Ah! cela va mieux! (A Sarah en lui prenant les deux mains.) Et toi?

SARAH.

Moi aussi!

JEANNE.

Voilà les femmes, tenez! quelles pauvres natures!... Avec un peu de sang-froid... c'était si beau à regarder. Ah! (se levant) c'était vraiment beau! — Ce cheval emporté!... ce fracas de vagues et de galets... ce vent détachant l'écume par flocons! Et avec tout cela, l'effroi, les cris, la mort prochaine et la folie plus près encore... c'était enivrant!

CYPRIEN.

Délicieux! — on recommencerait tout de suite!

* Profilet, Cyprien, Jeanne, Sarah.

JEANNE, se levant.

Bah! pourquoi pas? — Un petit danger de temps à autre, lutter! se défendre! — Eh! à la bonne heure! c'est vivre, cela! (Elle remonte vers le feu.)

CYPRIEN, tout en replaçant la chaise près de la table.

Tudieu! vous dites cela avec un sourire, un œil brillant! c'est à donner envie de vous attaquer, pour vous voir vous défendre!...

[PROFILET, choqué *.

Oh!

CYPRIEN.

Quoi?

PROFILET.

Devant des dames!... c'est vif!...

JEANNE.

Eh bien, quoi donc?

PROFILET.

Vous n'avez pas compris?.. (A Sarah, qui va rejoindre Jeanne à la cheminée.) Il vient de dire quelque chose d'un peu léger!...

CYPRIEN, stupéfait.

Moi?

JEANNE, près de la cheminée.

De léger...

PROFILET, étonné à Cyprien.

Non! vous ne vouliez pas?... alors n'en parlons plus; je vous demande pardon!... j'ai cru qu'il faisait une équivoque!...

CYPRIEN.

Ah çà! quelle tournure d'esprit avez-vous? On ne peut pas dire deux mots que vous n'y voyiez des choses!...

* Les parties du dialogue placées entre deux [-], sont supprimées à la représentation.

PROFILET.

Oh! ne vous fâchez pas! je vous croyais plus d'esprit que vous n'en avez, voilà tout!... (Allant à Jeanne.) Je croyais qu'il voulait dire...

JEANNE, assise.

Ah! bien, non, ne le dites pas!...

PROFILET, souriant.

C'était assez drôle!...

CYPRIEN.

Voilà une façon de défendre la morale!]

SCÈNE V

Les Mêmes, SYLVIE, avec un fagot*.

SYLVIE, entrant par le fond.

Ah! c'est madame!... (Elle jette le fagot par terre et va à Jeanne.)

JEANNE.

Bonjour, fillette!...

SYLVIE, à genoux près d'elle; Sarah est debout devant la cheminée.

Ah! quel bonheur!... voilà madame revenue! quel bonheur!

JEANNE.

Comme tu es grandie! comme tu es belle! et toujours bonne et sage?...

SYLVIE.

Ah! madame, si vous vouliez m'emmener avec vous à Paris?

PROFILET, à droite avec Cyprien; à demi-voix.

C'est ça. — Les voilà toutes, pour se perdre!

* Sarah, Jeanne, Sylvie, Profilet, Cyprien.

CYPRIEN, à demi-voix.

Laissez donc ; nous les retrouverons !

PROFILET, choqué.

Oh !... (Ils regardent par la fenêtre.)

JEANNE.

Nous verrons cela, petite ; mais rien n'est prêt, à ce que je vois !

SYLVIE, se relevant.

C'est que mon père n'a reçu la lettre de madame que ce matin ; et c'était dans un état ici ! (Elle traverse en descendant et va prendre sur la table les gants et les cravaches des deux femmes.) Des fenêtres qui ne ferment pas, et le vent qui vient de se lever avec la marée ! — Ça va souffler cette nuit !... nous allons danser !

SARAH.

Ah ! mais un instant !... j'ai peur du vent, moi !

JEANNE.

Bah ! tu es folle ! Sylvie couchera à côté de toi, dans ta chambre, si tu veux !

SARAH.

Et toi ?

SYLVIE, montrant la chambre à droite, où elle est sur le point d'entrer.

Oh ! madame couche ici, elle ; c'est un peu isolé ; mais elle est brave, madame, elle n'a peur de rien !...

JEANNE.

Quant à vous, cousins, nous allons chercher vos chambres tout à l'heure.

SYLVIE, s'arrêtant.

Oh ! à propos de chambre, il y a bien la bibliothèque là-haut !... mais je ne la conseille à personne !

JEANNE.

Parce que ?

SYLVIE, redescendant au milieu.

Parce qu'il y revient un esprit donc!...

SARAH.

Un esprit!

SYLVIE*.

Oui, madame, c'est un train là-dedans !...

JEANNE.

Et ton père n'est pas monté voir?

SYLVIE.

Oh! il est bien trop poltron! s'il m'avait seulement laissé faire, avec mon manche à balai, je t'aurais travaillé l'esprit, moi... il ne serait pas revenu, allez !

SARAH.

Est-elle brave!

JEANNE, riant.

Enfin, il y a progrès, au moins! Elle y croit encore ; mais c'est pour frapper dessus!...

SYLVIE.

Vous voulez monter voir!... voilà la porte!... nous le cognerons!

CYPRIEN, vivement.

Non, non! à quoi bon?... cette bibliothèque ne me dit rien du tout, à moi!...

PROFILET.

Rien du tout! — On n'a que faire de la bibliothèque pour coucher! (Sylvie redescend, reprend les objets et entre chez Jeanne.)

CYPRIEN.

A moins qu'on n'y mette M. Rennequin.

JEANNE.

Mon oncle!... au fait, où est-il?... Et Trick?

* Sarah, Jeanne, Sylvie, Profilet, Cyprien.

PROFILET.

Votre domestique? — Il a fait la route à pied. Quant à l'oncle Rennequin, je ne sais; n'est-il pas venu avec vous?

JEANNE.

Mais non!

CYPRIEN.

Ah! je croyais! — Comme nous montions en voiture, je l'ai entendu parler de louer un âne pour vous suivre...

JEANNE, inquiète.

Pour nous suivre... mais alors, il est venu par la grève!...

CYPRIEN.

Probablement!

JEANNE, effrayée.

Ah! le malheureux! mais la marée!... Il est perdu!... (Ils vont pour remonter. Rennequin paraît; Sylvie rentre.)

SCÈNE VI

LES MÊMES, RENNEQUIN.

RENNEQUIN, entrant par le fond[*].

Ah! voilà! on crie maintenant!... Il est perdu!... Il serait bien temps de crier, si j'étais perdu!...

JEANNE.

Enfin, vous voilà!

RENNEQUIN.

Et on n'aurait pas eu le cœur de m'arracher à un affreux péril!

JEANNE.

Vous avez donc couru le même danger que nous?

---

[*] Profilet, Sarah, Rennequin, Jeanne, Cyprien, Sylvie.

RENNEQUIN *.

J'ai couru!... D'abord, je n'ai pas couru du tout!... L'âne n'a jamais voulu marcher !

CYPRIEN.

Ah!

RENNEQUIN.

Du moment que je le dis, c'est que c'est réel, il n'y a pas à faire : *Ah!*...

JEANNE.

Mais, personne...

RENNEQUIN.

Non ! je dis ça pour monsieur... là... qui fait : *Ah!* — Comme si j'avançais quelque chose de mon invention.

JEANNE.

Mon oncle, monsieur ne songe pas!...

RENNEQUIN.

On voit tous les jours des ânes qui ne marchent pas!... il n'y a pas de quoi pousser des : *Ah!*...

JEANNE.

Mais enfin, mon oncle, puisque monsieur assure qu'il n'avait pas l'intention de vous offenser.

CYPRIEN.

Mais jamais, mon Dieu ! jamais !

RENNEQUIN.

Vous le dites! je veux le croire. (Attendri.) J'ai besoin de le croire!... car, dans ma position, un manque d'égards, quand on n'est pas riche, voyez-vous, et qu'on a eu, comme moi, si peu de chance dans sa vie! et avec cela le cœur trop sensible!.. (Il essuie ses yeux.) Une sensibilité exaltée! (A Profilet qui prise tranquillement.) Exaltée, monsieur, qui a empoisonné toute ma vie!

---

* Profilet, Sarah, Rennequin, Jeanne, Cyprien, Sylvie.

JEANNE.

Oui, mon oncle, et pour revenir à cet âne...

RENNEQUIN.

Ah! crrr! c'est fait pour moi, ces choses-là! toujours ma chance! — Tant que nous avons descendu à la mer... il trottait, cet âne, c'était merveille... mais quand il a fallu tourner pour vous suivre... plus rien!... une borne!... J'avais beau lui dire les choses les plus aimables, il secouait l'oreille, il souriait en dessous, en faisant de la tête... non! non!... Je me dis : C'est un parti pris... c'est pour me contrarier ce qu'il en fait, il voit que ça me contrarie! ça l'amuse! Je descends, je tire, je pousse!... enfin, le voilà parti! Et moi de courir derrière, en me disant : si je l'arrête pour me remettre sur son dos, il n'ira plus ; et si je ne l'arrête pas, nous allons donc courir toujours comme ça : moi, par derrière ; c'est bête, ça!... Il faut un peu d'audace! Là-dessus, je prends mon élan, et je saute sur lui, tout courant!

TOUS.

Ah!

RENNEQUIN.

Alors, il s'arrête! je rage, je crie, je cogne!... Bandit, va! tu marcheras! Et lui des oreilles (secouant la tête) : Non! non! — Je te dis que si! — Je te dis que non!... (même jeu) je suis entêté! — Et moi donc!... Là-dessus, il tourne bride, et il revient au galop à son écurie... Les gamins couraient derrière nous en criant, les femmes riaient, les chiens aboyaient, j'étais vexé! mais je faisais l'homme enchanté! Je disais,... tout haut : « Il est très-drôle, cet âne, très-drôle! c'est un plaisir!... » Oh! gredin! va, si je te rattrape dans un coin!

CYPRIEN, riant.

Ah! ah! j'aurais voulu voir...

RENNEQUIN, vexé.

Ah! oui, oh! c'était bien risible! je pouvais tomber et me

casser une jambe!... mais qu'est-ce que ça fait... Rennequin?... (Il remonte.)

[JEANNE.

Oui, mon oncle, mais enfin, puisque ce malheur n'est pas arrivé, puisque vous êtes venu sans encombre...

RENNEQUIN.

Par la grand'route! en voiture. (Il va pour s'asseoir près de la table, on l'entoure.)

JEANNE.

Eh bien, c'est charmant, cela!

RENNEQUIN, prêt à s'asseoir, se relevant.

C'est charmant! Je pouvais ne pas trouver la voiture!...

CYPRIEN.

Enfin!... voyons!...

RENNEQUIN, même jeu.

Ou la trouver pleine?...

CYPRIEN.

Mais puisque rien de tout cela n'est arrivé, sapristi!

PROFILET.

Et que vous n'avez eu que la peine de vous faire traîner...

SARAH.

Tandis que nous courions, nous, le plus grand danger d'être noyées!...

RENNEQUIN, assis.

Oh! vous! vous êtes jeunes, vous!...

SARAH.

Cela ne nous aurait pas empêchées!

RENNEQUIN.

C'est à mon âge que les accidents sont terribles...

JEANNE.

Enfin, mon oncle...

RENNEQUIN.

On n'en revient pas!... à mon âge!

JEANNE.

Eh bien, oui, là, c'est convenu! n'en parlons plus!...

RENNEQUIN, ému.

Moi qui ai toujours eu si peu de chance!

SYLVIE.

Vous en avez pourtant eu cette fois-ci, car enfin, si l'âne avait marché!... vous pouviez être surpris par la marée comme ces dames...

JEANNE.

Oui! et alors, Dieu sait!...

RENNEQUIN, d'un air fin et souriant.

Oui, après ça il aurait peut-être couru dans ce cas-là!... Il ne lui fallait qu'une vive émotion, à cette bête!... (Sylvie et Profilet remontent; Sarah et Jeanne passent à gauche; Cyprien redescend à droite.)

SARAH.

Je ne m'y fierais pas!

RENNEQUIN.

Moi non plus! Je dis ça parce que c'est drôle!... c'est même très-drôle! (Il rit tout seul, les regarde, et ne rencontrant la figure de personne.) Et vous ne seriez pas morts pour en rire plus que ça!...

JEANNE.

Ah! mon oncle!...

RENNEQUIN.

Si c'était un autre que moi, on se tordrait de rire! parce que c'est vraiment drôle; mais de ma part... on en serait bien fâché...

JEANNE.

Eh bien, nous allons rire, et il y a de quoi! (On rit.)

RENNEQUIN, se levant.

Ah! oui, oui, un rire ironique. (Montrant Profilet qui rit au fond.) Ah! l'autre là-bas!... ne vous forcez pas, allez!... je ne suis pas exigeant, moi, je n'ai pas le droit de l'être. Quand, à mon âge, (ému) on est forcé de vivre aux crochets des autres!...

JEANNE.

Ah! mon oncle! voulez-vous que nous pleurions maintenant?...

RENNEQUIN.

Allons, bon! voilà autre chose. Ah! je ne te souhaite pas de me ressembler jamais, va! (Il passe et monte à la cheminée, Profilet le suit, Sarah va à Rennequin et cherche à le calmer; Sylvie, qui est remontée, descend, à Jeanne.)]

SYLVIE.

C'est votre oncle, madame, ce monsieur-là?

JEANNE.

Oui!

SYLVIE, agacée.

Brrr!...

JEANNE.

On s'y fait!

SCÈNE VII

Les Mêmes, TRICK.

JEANNE.

Eh! voici Trick!... arrive donc!...

TRICK, accent allemand.

Tu *curs!* tu *curs* à cheval! je peux pas te suivre!...

SYLVIE, stupéfaite.

Ah! il tutoie madame!...

JEANNE [*].

Je crois bien, et tout le monde aussi, c'est une habitude dont il n'a jamais pu se défaire, n'est-ce pas, Trick? Et, comme il m'a connu petite fille, et qu'il m'a portée cent fois à son épaule, tu ne lui persuaderais pas que nous ne sommes pas encore à ce temps-là !

TRICK.

Oui! t'étais *pien chentille*, et tu m'aimais *pien !*

JEANNE.

Et je t'aime toujours, brave cœur, car je ne sais rien de meilleur et de plus dévoué que toi! (Jeanne remonte à droite.)

RENNEQUIN, assis à la cheminée.

Bon qu'il te tutoie, mais les autres : moi, par exemple!... il ne m'a jamais porté sur son épaule!

TRICK.

Je te porte toute la journée, toi, sur mon épaule, tu *crognes tujurs*. (Il redescend et sort par la petite porte de gauche.)

RENNEQUIN, se levant, vexé.

Quoi... qu'est-ce qu'il a dit? (Il le suit jusqu'à la petite porte qui se ferme sur Trick.)

JEANNE.

Allons! allons! ne perdons pas de temps, et tâchons de nous installer un peu pour la nuit... Il faut que tout le monde s'en mêle... Sarah, veille aux lumières... mon oncle, trouvez un soufflet. (A Cyprien.) Cousin, déliez ce fagot, que je vous fasse un beau feu.

PROFILET.

Vous-même?...

JEANNE.

De ma blanche main! nous sommes aux champs, allons! allons! un peu de courage, voici le froid qui vient! (Mouvement

---

[*] Sarah, Rennequin assis, Profilet, Cyprien derrière lui à la cheminée, Jeanne, Trick, Sylvie.

général, Jeanne remonte à la fenêtre, Rennequin va d'abord à gauche et cherche le soufflet, puis il passe à droite au fond ; Cyprien prend le fagot jeté par Sylvie, le descend à l'avant-scène, un peu sur la gauche, tire un couteau de sa poche et coupe les liens, Profilet descend près de lui, Cyprien commence à faire une brassée, Sarah va à la cheminée, prend deux flambeaux et descend à la table à droite, où elle les apprête.)

SARAH.

Sylvie a raison, nous aurons du vent.

JEANNE, à la fenêtre.

Et le soleil se couche dans les flots de sang ; Dieu, est-ce beau, voyez donc ! (Elle passe à la cheminée.)

SARAH.

Moi, cela me donne envie de pleurer, on se sent si petit ici, et si loin du monde.

PROFILET, prenant la brassée que Cyprien lui tend.

Pas du monde de Paris, toujours, car j'ai aperçu à Dieppe, au moment où nous nous séparions, quelqu'un qui s'apprêtait évidemment à suivre le même chemin que nous ! (Il remonte et se dirige vers la cheminée.)

JEANNE, préparant le foyer.

Un ami ?...

PROFILET[*].

Une connaissance au moins. (Il jette le bois dans la cheminée ; avec intention.) M. Gaston de Champlieu. (Mouvement. Rennequin se retourne ; Cyprien, qui brise des sarments sur son genou, s'arrête, et ils échangent un regard.)

JEANNE, un peu saisie.

Ah ! il est ici.

SARAH.

Eh bien, c'est ce monsieur dont je t'ai parlé, qui nous suit depuis Paris !

[*] Jeanne, Profilet, Cyprien, Rennequin, Sarah.

JEANNE, avec embarras, tisonnant.

Je ne sais! me l'as-tu dit?

SARAH.

J'ai fait mieux! je te l'ai montré.

JEANNE, se penchant vers la cheminée.

Ah! c'est possible.

RENNEQUIN, descendant et malignement.

Ah! bien! il est encore entêté, celui-là! nous ne pouvons plus faire un pas sans le rencontrer; c'est le contraire du soufflet! En voilà un qui se cache!... (Il jette un coup d'œil sous la table; Rennequin descend près de la table, Profilet redescend près de Cyprien qui lui donne du bois.)

JEANNE.

Ce monsieur est peut-être un peu indiscret; mais, après tout, fort distingué et bien élevé!

RENNEQUIN, d'un air fin, assis à la table.

Oh! nous savons bien que tu le trouves aimable!

JEANNE.

Moi?

RENNEQUIN, échangeant des regards avec Cyprien et Profilet.

Oui, oui, tu me l'as dit vingt fois!

JEANNE.

Moi!

RENNEQUIN.

Oh! bien, on ne peut pas plaisanter un peu... sans que tu... quel caractère!...

PROFILET.

Ma cousine a bien raison de s'en défendre, car s'il est un homme taré, c'est bien celui-là!

CYPRIEN, bas, en lui passant une seconde brassée de branches mortes.

Mais taisez-vous donc! c'est peut-être un épouseur!

PROFILET, bas.

Nigaud! il n'épousera pas! il mangera.

CYPRIEN, bas, prenant les broussailles qui restent.

Notre fortune! bigre! (Haut.) C'est un monstre! (Bas.) Marchez! marchez! je vous suis!... (Ils remontent à la cheminée tout en parlant.)

PROFILET.

Des aventures!

CYPRIEN.

Des duels!

PROFILET.

Des scandales!

CYPRIEN.

Des enlèvements!

PROFILET, jetant le bois dans la cheminée au delà de Jeanne.

Et des dettes! Il a mangé deux héritages.

CYPRIEN, de même, en avant.

Pardon... quatre! (Ils redescendent.)

RENNEQUIN.

Et quatre qui en valaient bien huit.

CYPRIEN, à genoux, ramassant les restes des fagots, et à demi-voix à Rennequin.

Tiens! vous en êtes, vous!

RENNEQUIN, bas.

Pour la taquiner! Oh! c'est amusant! (Il se frotte les mains.)

SARAH, à Jeanne.

Comment! c'est vrai?...

JEANNE, allumant du feu.

On le dit! mais on en dit tant, que c'est à donner envie de ne rien croire!

RENNEQUIN assis à la table, Profilet derrière lui, Cyprien à droite.

Ah! si tu t'intéresses à ce monsieur!...

JEANNE, vivement.

Mais, mon Dieu! je ne m'intéresse pas à ce monsieur : seulement, on l'attaque, il est absent, je le défends... il n'y a rien là que de fort naturel!...

PROFILET.

Nous ne sommes pas seuls à le blâmer! et ses meilleurs amis, *ses associés* même.

SARAH.

Ses associés ?...

PROFILET.

Sans doute!... ne savez-vous pas qu'il a fait partie de certaine société imitée de Balzac?

CYPRIEN.

Les dévorants ?

PROFILET.

Oui, un club de désœuvrés, de viveurs, ces messieurs avaient leurs lieux de réunion, leurs statuts, leur chef même, qui s'appelait Ferragus XXIV. Un gaillard dont le vrai nom était Canillac!

SARAH, vivement.

Vous dites?... (Mouvement de Jeanne qui la contient.)

PROFILET.

Je dis Canillac, madame; vous l'avez connu?

SARAH, se contenant.

Nullement!

ACTE PREMIER.

PROFILET.

Et, ce qui s'est fait, dans cette société de bandits ; non ! il faut en avoir fait partie pour le savoir !

RENNEQUIN, taquin, le tirant par sa redingote avec malice.

Vous en avez donc fait partie, vous?

PROFILET.

Moi ?

RENNEQUIN.

Oui ! puisque vous le savez ?...

PROFILET.

Mais non ! mais non ! on sait toujours !...

RENNEQUIN, ravi, à Cyprien.

Il en était ! ça le vexe ! Oh ! c'est amusant !

JEANNE, se levant et descendant.

En tout cas, je ne vois là qu'un homme fort à plaindre d'être tombé en de si méchantes mains.

SARAH, la suivant.

Ah ! moi, je lui pardonne tout ! excepté de tromper celles qui font la sottise de l'aimer !

JEANNE.

Eh ! chère enfant, sais-tu si la meilleure de celles qu'il a fait souffrir méritait mieux que son mépris?

SARAH.

Dans le nombre, il s'en est bien trouvé au moins une.

JEANNE.

Non !

SARAH.

Pourquoi?

JEANNE.

Parce qu'il vaudrait mieux!—A quoi serait bon notre amour, sinon à rendre meilleurs ceux que nous aimons. Dis-moi qui tu aimes, je te dirai qui tu es!... celles qui l'ont aimé, ou qui l'ont cru du moins, n'ont-elles jamais tenté de le disputer à ses vices? Elles étaient donc bien faibles ou bien lâches...: Belle partie à jouer pourtant que le salut de cette âme à gagner! mais il fallait aimer grandement, éperdument, l'envahir, le posséder, lui souffler une âme nouvelle, se dévouer, s'immoler, souffrir! et trouver du charme à ses souffrances même! Il fallait enfin!... il fallait aimer! (Exclamation et mouvement de Profilet; Cyprien l'arrête.) Et, après cela, que ce monsieur soit ce qu'il voudra... bon ou mauvais, loyal ou parjure, cela m'est égal, n'est-ce pas, et je me trouve bien bonne de discuter pour lui?... Voici le feu qui flambe!... (Elle va à la cheminée.)

RENNEQUIN, à part, à Cyprien et à Profilet et après avoir regardé Jeanne qui s'est assise à la cheminée.

Heu!... il n'y a pas que le fagot qui brûle! Et j'ai peur que nous n'ayons fait à nous trois l'office de soufflet.

JEANNE.

Eh bien, vous ne venez pas?

SYLVIE, au dehors.

Non, monsieur; madame n'y est pas! ça ne se peut pas!

SCÈNE VIII

LES MÊMES, SYLVIE*.

SYLVIE, accourant.

Madame, il y a là un monsieur qui veut voir madame à toute force!

JEANNE.

Un monsieur?

---

* Sarah, Jeanne, Sylvie, Profilet, Rennequin, Cyprien.

RENNEQUIN, se levant.

Oh!... tenez! parions que c'est lui!

JEANNE.

Par exemple!... chez moi!...

PROFILET.

Ma foi! il est assez effronté!

SYLVIE, regardant au fond.

Mais je crois bien qu'il monte malgré moi! — Il monte, madame!

JEANNE.

Oh! si c'est lui! c'est trop d'audace!

PROFILET.

Vous allez le recevoir?

JEANNE.

Vous êtes fou, pourquoi le recevrais-je?

PROFILET.

Alors!...

JEANNE, à Sylvie.

Dis à ce monsieur que je n'y suis pas!... que je ne suis pas encore arrivée! Il comprendra peut-être!...

SYLVIE.

Oui, madame! (Elle remonte en courant; au même moment Gaston paraît sur le seuil.)

SCÈNE IX

LES MÊMES, GASTON, à la porte du fond. *

SYLVIE, se campant résolûment devant Gaston qui paraît sur le seuil.

Monsieur, on ne passe pas! madame n'est pas encore arrivée!...

* Sarah, Jeanne, Sylvie, Gaston, Cyprien, Rennequin, Profilet.

GASTON.

Ah!... puisqu'elle n'est pas encore arrivée, chère enfant... veuillez lui demander à quelle heure elle arrivera. (Entrant et descendant en scène.) J'attendrai!...

JEANNE.

En vérité, monsieur !...

GASTON, avec une extrême politesse.

Ah! madame! maintenant que vous êtes de retour, je suis prêt à me retirer, quand vous m'aurez assuré vous-même que vous n'êtes pas là!...

JEANNE.

Voilà une politesse, monsieur, qui frise de bien près l'impertinence !

GASTON.

Hélas! madame, ce sera l'une ou l'autre, à votre choix... impertinence, si vous ne faites pas grâce!... politesse, si vous pardonnez!...

JEANNE.

Au moins, pour forcer ainsi ma porte, monsieur, vous êtes-vous préparé un prétexte ?

GASTON.

Oh! tout petit, madame!... (Il présente la manchette perdue avec l'attache de diamant.) Mais suffisant!... je pense!...

JEANNE.

La manchette!

SARAH.

Et le bouton !

JEANNE.

Vous avez ?...

GASTON.

J'avais eu l'audace de vous suivre à cheval, madame, en apprenant que vous vous engagiez sur un chemin qui pouvait devenir fort dangereux ; et j'arrivais à toute vitesse, mais je vous aperçus fuyant devant le flot qui montait !... j'allais suivre votre exemple, lorsque je vis flotter à distance cette manchette et ce diamant que je reconnus tout de suite pour l'avoir vu ce matin briller à votre main. Je poussai droit à la vague ; du bout de ma cravache je fus assez heureux pour l'atteindre, et le voilà !... (Il le présente.) Les reines d'Orient ont un sourire pour le plongeur qui dépose à leurs pieds la perle cueillie dans le sein des flots !... ce que j'ai fait n'est pas digne assurément du sourire, le jugerez-vous du moins digne de pardon ? (Il lui donne la manchette et le diamant.)

JEANNE.

Vous aurez les deux, monsieur, pour un acte de folie qui ne mérite ni l'un ni l'autre !

GASTON.

Jetez une épingle au fond de la mer, madame, et je veux la rapporter au même prix !

JEANNE.

Quelle plaisanterie !... venez au moins près du feu !... car vous devez être tout mouillé !...

GASTON.

Oh ! pardonnez-moi ! L'eau ne s'en est prise qu'à mon cheval !

JEANNE.

Sylvie, voyez à ce que l'on prenne soin du cheval de monsieur !

CYPRIEN, vivement.

J'y vais, moi, ma cousine ! (A Rennequin.) Je vais te le sangler, te le seller, et tu fileras. (Il sort.)

JEANNE.

Et occupez-vous de vos chambres !

PROFILET, qui s'est tenu à l'écart pour ne pas être vu de Gaston ; à part.

Elle nous renvoie !... J'aime autant cela ! Il n'aurait qu'à vouloir renouer connaissance avec moi! (Il sort en longeant le mur à droite. Jeanne va à Sarah qui sort.)

GASTON, à part.

Profilet! (Il le regarde sortir.)

RENNEQUIN.

Quand on pense qu'il ne m'a pas seulement salué!... Il me connaît assez pourtant!... il le fait exprès!... parce que c'est moi!

GASTON, à Rennequin.

Oh! cher monsieur, je ne vous voyais pas!... Comment vous portez-vous? (Il salue Rennequin et traverse. Jeanne donne ses ordres à Sylvie qui sort.)

RENNEQUIN, saluant.

Monsieur!... (Gaston se retourne et le salue de nouveau.) Comme il me salue!... En voilà des cérémonies!... Je crois qu'il se moque de moi!... (Il sort après lui avoir fait un salut exagéré, en balayant le parquet de son chapeau.)

SCÈNE X

GASTON, JEANNE.

JEANNE, à Gaston qui se tient à une distance très-respectueuse.

Et maintenant que nous voilà seuls, monsieur, je n'ai plus le droit de blâmer le prétexte; il est, comme vous l'avez dit, suffisant, mais tout ne mérite pas la même indulgence, et pour m'avoir suivie jusqu'à Dieppe!... jusqu'à cette maison, jusque dans cette chambre, où vous ne deviez pas avoir l'audace de me voir!...

GASTON, l'interrompant.

Hélas! madame, mes yeux vous voient partout où vous n'êtes pas! Comment ne vous auraient-ils pas vue tout de suite où vous êtes?

* Jeanne, Gaston.

ACTE PREMIER.

JEANNE.

A la bonne heure! mais vous m'avouerez que cette raison-là!...

GASTON.

Ressemble à une folie; eh bien, oui, madame! je suis fou!.. oui, où vous n'êtes pas, l'air manque à ma poitrine, la lumière à mes yeux... je vous cherche... je vous appelle... je vous devine!... et je n'ai plus qu'à laisser faire mon cœur qui me conduit droit à vous! C'est insensé! mais c'est fatal et vrai!... Et puisque la raison n'y peut rien, qu'y faire?

JEANNE.

C'est une étrange justification, vous en conviendrez, que de dire à quelqu'un : Je suis très-fâcheux sans doute, très-indiscret même, et je commence à devenir passablement importun ; mais telle est ma folie! que voulez-vous que j'y fasse?...

GASTON.

Je vous le demande, madame?

JEANNE.

Si le mal est ce que vous le dites, ayez recours à l'une de ces distractions qui ne vous manquent pas, à ce qu'on prétend.

GASTON.

Laquelle, madame?

JEANNE.

Ah! ce n'est pas là mon affaire, et vous ne devez être embarrassé que de choisir! courez, voyagez! que sais-je?

GASTON.

Mais vous le voyez: je vais, je viens, je voyage!...

JEANNE.

Oui, mais là où je suis!... c'est ailleurs que je veux dire!...

GASTON.

Ailleurs, madame, il n'y a rien!

JEANNE.

Allons! vous vous moquez, monsieur, et comme je n'ai pas à

me reprocher de vous avoir donné la moindre espérance, j'ai le droit de protester contre une assiduité qui tourne à la tyrannie, et de vous demander si véritablement votre conduite est celle d'un galant homme.

GASTON.

Je n'en sais rien, madame, ce n'est pas à moi qu'il faut demander cela!... Je ne sais plus ce qui est bien, ce qui est mal, je ne connais que ce qui m'est doux à faire!

JEANNE.

Oui, oui, je vous vois venir!... c'est votre léthargie! Avec cela, vous avez réponse à tout! — Mais quand on est fou, monsieur, et que l'on peut devenir inquiétant et dangereux, on fuit le monde, on se cache, on s'enferme!...

GASTON, qui s'est rapproché d'elle, doucement.

Enfermez-moi donc!... madame!...

JEANNE.

Ah! l'on ne m'a pas trompée, vous êtes audacieux et obstiné, monsieur.

GASTON.

J'aime, voilà tout!

JEANNE.

Et il faut bien que votre amour suive sa marche ordinaire, n'est-ce pas?... et que la vanité y trouve tout d'abord son compte. Compromettre une honnête femme qui n'en peut mais... et par votre seule présence dans cette maison, y glisser déjà le scandale, n'est-ce pas une des premières règles de cet art de plaire que vous pratiquez si bien? — Que ce soit perfidie, calomnie, lâcheté, qu'importe!.. c'est de bonne guerre!... Je vous ferme cette porte, forcez-la! Je vous chasse, demeurez! pour que demain tout le monde ait le droit de se dire en souriant: « Ils ne se quittent plus! » Ah! une dernière fois, monsieur, épargnez-moi l'odieux honneur de vos poursuites! Je le désire! je le veux! je l'exige!

ACTE PREMIER.

GASTON.

Eh bien, je vous l'épargnerai donc, madame, et pour toujours. (Il s'incline et remonte la scène pour sortir.)

JEANNE le suivant des yeux.

Ah! vous partez?

GASTON.

Mon obéissance vous surprend-elle?

JEANNE.

Eh bien, oui, je ne vous croyais pas tant de générosité, et je vous en sais un gré infini!...

GASTON.

Adieu donc, madame! (Même jeu.)

JEANNE.

Adieu donc! (Elle le regarde et lorsque Gaston est près d'ouvrir la porte.) Et maintenant, je suis femme à déclarer à qui voudra l'entendre que vous êtes moins noir qu'on ne le prétend et que vous valez décidément mieux que votre renommée!

GASTON, se retournant.

Non, madame!

JEANNE.

Comment, non?

GASTON.

Non! je ne vaux pas mieux qu'elle.!

JEANNE.

Voilà une singulière vanité!

GASTON, descendant.

Ce n'est pas par vanité!... c'est franchise! car à vous, madame, je veux que ce cœur s'ouvre tout entier, vous serez peut-être effrayée du mal qui a dévoré cette âme, et qui a fait partout la désolation et le vide!... mais comment ne s'riez-vous pas émue à la vue de ces derniers débris de vertus et d'honneur, qui se réfugient autour de votre image, en vous conjurant de prier pour eux, et de bénir leur derniers efforts!

JEANNE.

Mais vraiment, je ne sais si je...

GASTON.

On vous a dit que j'étais un prodigue, madame!... un joueur, un libertin, un roué, ne respectant rien de le terre ni du ciel, tout à ses plaisirs, et sans autres dieux que ses caprices!... une âme enfin ouverte à tous les vices.. comme cette demeure à tous les vents!... On a menti!... c'est faux!... je suis encore pire!... car ce qu'on ne vous a pas dit; c'est que je suis, de nature, ami de la ruse, de la perfidie; que je n'ai jamais plus d'éloquence que pour les faux serments, les détours et les mensonges!... Que je mens... ah! je mens avec ivresse, et le bonheur de tromper m'enivre d'une volupté plus ardente que la volupté même!... L'amour, pour moi, c'est la séduction!... c'est la lutte du bien et du mal qui se termine toujours au profit du mal! c'est la défense désespérée d'une vertu qui se débat, c'est l'honneur au vent, le feu mis à tous les coins de cette âme, vierge hier encore, aujourd'hui damnée!... C'est l'orgie sur les ruines, et le Diable éclairant la fête!

JEANNE, qui l'écoute et le regarde avec stupeur.

Et il y a de pareilles natures?

GASTON.

Et je dis le Diable! c'est qu'en vérité je crois que ses flammes courent au lieu de sang dans mes veines!... Mon père n'avait pas de fils, il se lamentait!... un ami le consolait... Bah! un fils, à quoi bon? des soucis! mille tracas!... Ah! dit mon père, qu'il vienne du ciel ou de l'enfer, mais qu'il vienne! — Je suis né... et la première fois que j'ai mordu le sein de ma nourrice, on ne s'est plus demandé d'où j'étais. — L'âge est venu, les dents aussi, et les griffes avec! — Je battais, j'égratignais serviteurs, amis, camarades, ma mère elle-même!... La sainte femme se désolait; elle me grondait, je pleurais avec elle, et de bonne foi, je déplorais ma vicieuse nature... et de bonne foi, je

priais Dieu de me rendre meilleur... mais je la quittais
à peine, que mes DIABLES BLEUS, c'est ainsi qu'elle appelait
mes affreux instincts, reprenaient déjà le dessus... Quelque
horrible fantaisie me souriait tout à coup! pousser celui-ci
dans un bassin, lancer les chiens sur cet autre!... faire peur,
faire peine, faire mal enfin!... Je luttais, je m'effrayais : « Non!
je ne le ferai pas!... non, je ne veux pas! non, pas cette fois! »
Mais le démon, sous mes pieds, me criait: Va donc! va donc!...
Ma bouche, ouverte sur une prière, se fermait sur un méchant
sourire, et ma conscience révoltée criait encore : « Non,
jamais!... » que mon bras achevait la scélératesse et que tout
l'Enfer de mon âme s'écriait avec volupté : « C'est fait! »

JEANNE.

Mais c'est effrayant!... et l'on ne sait si l'on rêve... en entendant de pareilles choses!...

GASTON.

J'ai grandi... l'enfant est devenu homme... Et les diablotins
bleus, grandissant avec moi, sont devenus DIABLES NOIRS! Ma
mère est morte, mon père est mort!... et à vingt-deux ans, je
me suis trouvé seul, riche, indépendant et maître de toute ma
vie. Et alors je regardai autour de moi tout ce monde qui me
semblait destiné à devenir ma proie, en me disant : « Par
quelle noirceur pourrais-je bien commencer? — Bah! je n'ai
qu'à laisser faire ma nature... marche, coursier diabolique,
voici la bride, conduis-moi par tous les mauvais sentiers, et,
puisqu'aussi bien, j'ai beau faire ; puisque je suis l'esclave né
de toutes mes passions, fais que l'abus et la satiété m'en dégoûtent, et que je me retrouve un jour, en face de moi-même,
tellement rassasié de vices, que je me passionne pour la saveur
du bien, comme le palais, un lendemain d'orgie, aspire à la
fraîcheur de l'eau de source! » Et, parti de cet infernal galop,
voici des années que je chevauche, comme un personnage de
ballade, le mal en tête, la mort en croupe, les vices gambadant tout autour ; jusqu'au jour... ah! jusqu'au jour où las,
épuisé... altéré de calme et de fraîcheur, je vous ai vue, et me

suis écrié : Dieu soit loué! voici l'ombre et le vert feuillage et la source pure!...

JEANNE.

Et vous avez cru que je consentirais à jouer un rôle dans votre légende et que j'accepterais l'offre de ce cœur où tous les diables font leur sabbat?

GASTON.

Je l'ai cru, et je le crois encore!

JEANNE.

Parce que?

GASTON.

Ah! parce que vous ne pouvez pas repousser un malheureux qui se noie dans une vie maudite, et qui se cramponne à vous! Parce que vous êtes charitable et bonne!

JEANNE.

Non! je ne suis pas bonne!

GASTON.

Ah! madame, sauvez-moi, ne me faites pas douter de cette vertu à laquelle j'aspire, en me la montrant dure, implacable et sans cœur!... à défaut d'amour, que je ne vous demande pas, mon Dieu! par pitié seulement ne découragez pas cette conscience qui se réveille...

JEANNE*.

Mais, mon Dieu!...

GASTON, continuant.

Ah! laissez-moi, laissez-moi tout dire!... Oui, j'ai été coupable, vicieux, criminel même, je le veux bien, mais il faut me pardonner, car on ne m'a jamais aimé! (Mouvement de Jeanne.) Si j'avais rencontré une âme comme la vôtre, ah! vous m'auriez inspiré cet amour du bien que je commence à peine à connaître... Dans ce gouffre où je descends chaque jour plus

* Gaston, Jeanne.

avant, qu'ai-je donc rencontré avant vous qui pût attirer un seul instant mon regard?... Mais rien! rien! vous seule êtes cette fleur, cette lumière!... ce ciel bleu qui brille là haut sur ma tête, en m'inspirant l'ardent désir de remonter! Et je vous regarde avec ivresse, avec délices, et je vous tends les bras, et je vous crie, avec toute mon âme : Je tombe, retenez-moi!... je meurs, secourez-moi!... Je suis un maudit! un damné qui brûle!... Penchez-vous sur moi!... Un sourire!... une larme!... moins encore, un regard!... et je suis sauvé!....

JEANNE.

De la pitié, peut-être!... et certainement si ce que vous dites est vrai!...

GASTON, avec chaleur.

Si c'est vrai!... Et vous en doutez! quand je me suis montré tel que je suis!... A quoi servira donc la franchise?

JEANNE.

Ah! qu'est-ce que cela prouve? Le démon est si rusé, et il sait la femme si faible de sa propre bonté. Telle qui résiste à l'amour, ne sait pas toujours se défendre de la pitié; et il n'est rien comme les larmes pour noyer une vertu!

GASTON.

Quoi? vous pensez?...

JEANNE.

Ah! je pense! je pense! qu'il est fort habile d'exploiter la charité. Le plaisir de sauver un damné qui tend les bras, mais cela a son attrait, vous le savez bien. . et notre vanité s'en mêle! — Si je l'aimais... moi... oh! ce serait bien autre chose, en effet!... je ne suis pas les autres, moi!... je le dompterais, moi! je l'enchaînerais, moi!... Pour une femme amie du péril, qui ne craint ni les chemins escarpés, ni l'émotion du vertige... avouez que tout cela est irritant, provoquant, et qu'il serait bien digne d'un démon d'en profiter! Oh! non! restons-en là, tenez, car rien que d'y penser, vous me faites peur!

3

GASTON

C'est que ma prière vous a touchée, et que vous consentez enfin...

JEANNE, le repoussant.

A rien!... je ne fais pas de conversion !

GASTON.

Eh! ne la faites pas, madame!... Laissez-la faire! Et pour cela, vous n'avez qu'à ne me pas défendre de vous voir!

JEANNE.

C'est trop!

GASTON, avec plus de chaleur.

Mais encore une fois, je ne vous demande pas votre amour! Laissez-moi vous aimer seulement!... Laissez-moi vous entourer de cette adoration muette qui ne demande rien.

JEANNE.

Non! allez-vous-en!

GASTON.

Vous ne m'entendrez pas! vous ne me verrez pas!... je glisserai autour de vous, comme le souffle du vent! Je vous regarderai comme le rayon à travers les branches, et vous ne serez même pas obligée de savoir qu'il y a là quelqu'un que la douceur de votre présence enivre, et qui ne vit plus que pour vous et par vous!...

JEANNE.

Non! allez-vous-en!

GASTON.

Ah! vous ne me croyez pas!... mais sur ce qu'il y a de sacré au monde, ce que je dis est vrai. Il est vrai que je vous aime! comme il est vrai que, si vous me repoussez, j'en meurs!

JEANNE.

Eh bien, franchise pour franchise! Vous m'avez dit qui vous étiez!... Je vous dirai qui je suis, moi; car vous ne me connaissez pas! Vous me croyez bonne, et vous parlez de ma douceur... Regardez-moi donc; vous ne m'avez donc pas regardée, et vous n'avez donc pas su lire toute mon âme dans mes yeux : il faut donc vous le dire, que je suis effroyablement despote, jalouse et violente!... Vous parlez de vos passions!... Et les miennes!... Croyez-vous que l'on n'aie pas aussi ses colères, ses révoltes, son petit orgueil féroce, et ses jalousies à tout tuer!... Si j'avais la faiblesse de croire à votre amour, sur le fol espoir de vous sauver de vous-même!... mais avant trois mois, ou vous seriez bien changé, ou mes *Diables noirs* auraient dévoré les vôtres!... Et si jamais j'étais trahie à mon tour, si vous marchiez sur ma vie comme sur celles de toutes ces femmes que l'on prend, que l'on quitte et qui ne savent que pleurer! ah! ce jour-là... je... je ne sais ce que je ferais... mais il ne serait plus question de ma douceur!

GASTON.

Ah! le jour et l'heure où je serais assez stupide pour oublier que vous êtes la plus belle et la plus adorable des femmes, tuez-moi, foulez-moi aux pieds, écrasez-moi! je l'aurai bien mérité.

JEANNE.

Vous croyez rire!...

GASTON, avec passion.

Non!

JEANNE, après une seconde d'hésitation.

Voyons! c'est de la folie! Éloignez-vous, on vient!

SCÈNE XI

Les Mêmes, RENNEQUIN, TRICK, SARAH, SYLVIE, PROFILET. Rennequin entre par le fond avec Profilet et Sarah.
— Trick par la gauche avec Sylvie.

RENNEQUIN, entrant sur la pointe du pied.

Chut!... chut!...

JEANNE.

Quoi!

RENNEQUIN, à demi-voix.

Vous n'entendez pas?

SARAH, de même.

Là haut!

JEANNE.

Là haut?...

PROFILET.

Oui, on fait un train là haut depuis un quart d'heure.

TRICK.

Ça fait trac, trac, trac!... (On entend sur le plafond un bruit de pas et de chaises heurtées.)

JEANNE.

Oui, on dirait quelqu'un qui marche!

RENNEQUIN*.

Et qui fume; vous ne sentez pas?

SARAH.

Ça empeste l'odeur du tabac!

TRICK, à Rennequin.

Donne-moi ton canne! (A Gaston.) Viens-tu, toi?

GASTON, souriant.

Si vous voulez le permettre!.. mais à la condition que je passerai devant.

TRICK.

Allons!... (Ils montent tous vers la porte du fond, et au même instant, on entend la voix de Roland qui descend l'escalier quatre à quatre.)

* Trick, Rennequin, Sylvie, Sarah, Gaston, Jeanne.

ROLAND, au dehors.

Mais il y a donc des légions de chats ici! Misère et salpêtre! On ne peut pas dormir!... (Il entre comme un coup de vent.)

SCÈNE XII

Les Mêmes, ROLAND*. Il a la tête enveloppée d'un foulard, il est en costume du matin, tenant un bâton d'une main, une bougie de l'autre, et ayant un cigare aux dents ; il s'arrête stupéfait à la vue de tout le monde.

TOUS, le regardant avec surprise.

Ah!

ROLAND, de même.

Oh!

GASTON.

Roland!...

PROFILET, à part.

Ferragus!

ROLAND, à part.

Profilet! Gaston! Des femmes! (Apercevant Sarah.) La mienne!... Oh!...

TRICK, le regardant de près.

C'est donc toi qui fais ce train-là!... Tu te fiches donc du monde **.

ROLAND, après l'avoir regardé avec stupeur en l'éclairant de sa bougie.

Il me tutoie! (Il porte la main à son bonnet de nuit.) Misère!... je suis déshonoré!... Quelle tenue!...

* Rennequin, Sylvie, Trick, Roland, Gaston, Jeanne, Cyprien, Profilet, Sarah.
** Rennequin, Sylvie, Gaston, Roland, Trick, Profilet, Jeanne, Sarah.

JEANNE.

Vous connaissez monsieur, cousin?

PROFILET.

Oui, un peu, autrefois!... Il y a si longtemps!

GASTON, à demi-voix, passant près de lui et descendant.

Que diantre fais-tu ici, toi?

ROLAND.

Mais tu vois, cher enfant, je fais assez mauvaise figure!...

JEANNE.

Pardonnez-nous, monsieur, d'avoir troublé votre premier sommeil!.. Mais aussi, comment deviner que vous étiez installé là haut..

ROLAND.

Ah! madame!... En effet, je... (Passant la bougie à Sylvie.) Prends-moi cela, toi. (A Trick.) Et toi ça! (Il lui donne sa canne.) Je suis assez ridicule avec le reste!... En effet, oui, madame, oui!... Ah! pardon! (Il ôte son serre-tête.) Je reconnais que mon installation!.. Mais misère!... Il est donc habité, votre château?

JEANNE.

Vous voyez?...

ROLAND.

Et ces crétins de paysans qui me répondent : Non! Il y a trois ans qu'on n'y est venu!.. j'étais ravi, madame!... Il faisait justement ce soir-là un clair de lune, j'étais à la poésie... je pénètre dans le jardin par une brèche... je vois une porte qui ne demandait qu'à s'ouvrir... je l'aide un peu... Glissons sur ce détail... (Rennequin fait la grimace.) Et je trouve là haut une chambre... un grenier!... ah! Dieu!...la chambre de mes rêves!... une vue... un air!... une bibliothèque... et des pommes en quantité... un paradis! Il n'y manquait plus que la femme; j'aurais fait le serpent!

GASTON *.

Madame, il ne faut pas juger mon ami Roland sur ce premier aspect! Je vous le donne pour un homme charmant, quand il est en toilette!...

ROLAND.

Charmant, madame, charmant! vous ne pouvez pas vous en faire une idée!...

RENNEQUIN.

Charmant! voilà toujours de drôles de manières de s'introduire comme cela dans une maison...

ROLAND.

J'ai des papiers, monsieur!... on peut avoir de mauvaises connaissances, comme monsieur... (il montre Gaston) et reculer encore devant le crime!... Mon passe-port vous dira que je recule encore devant le crime.

JEANNE.

Je suis persuadée, monsieur, que la bibliothèque ne peut pas être mieux occupée!... je vous prie donc d'y retourner, en vous y considérant comme chez vous!...

ROLAND.

Ah! madame...

JEANNE.

A moins que vous ne préfériez causer avec ces messieurs... auquel cas je vous laisse, en vous demandant une seule grâce!...

ROLAND.

Ah! madame, toutes les grâces! Elles vous appartiennent!

JEANNE.

Oh!...

ROLAND.

Je vous demande pardon... cela m'a échappé!

* Gaston, Rennequin, Roland, Profilet, Jeanne, Sarah, Sylvie et Trick au fond.

JEANNE.

Le cigare... Je vous en prie! je ne supporte pas l'odeur du tabac.

ROLAND, le jetant par la fenêtre.

Ah! Dieu! voilà le cigare, madame, et pour peu que vous y teniez, le fumeur va le suivre!

JEANNE, riant.

Non!

RENNEQUIN, à demi-voix.

Si! si!

JEANNE.

Maintenant que vous êtes mon hôte, je réponds de vous.

ROLAND *.

Hélas! c'est aussi pour cela, madame, que je ne réponds plus de moi.

JEANNE.

A bientôt, monsieur! (Elle sort par le fond.)

GASTON, à part.

Elle ne me renvoie pas!

ROLAND, descendant à l'extrême droite et regardant Sarah qui passe au milieu de l'avant-scène pour remonter.

C'est bien ma femme!

SARAH, à part.

C'est bien mon mari! (Elle remonte.)

ROLAND, de même.

Mon absence ne l'a pas fait maigrir!

SARAH, de même.

Il se porte bien! (Elle remonte, Roland l'a devancée et se place devant la porte du fond. Haut.) Pardon, monsieur, vous me fermez le passage!

* Gaston, Rennequin, Trick, Sylvie, Jeanne, Roland, Profllet, Sarah.

ROLAND.

Madame!. (Il ouvre la porte à deux battants.) Vous pouvez sortir!...

TRICK, à Rennequin.

Tiens, voilà *ton* canne!

RENNEQUIN.

Mais, sapristi! je vous défends de me tutoyer, vous!...

TRICK.

Je tutoie pas!... je dis : voilà *ton* canne!

RENNEQUIN, prenant la canne et faisant le geste de le rosser ; Trick se retourne naturellement, il abaisse la canne en faisant semblant de jouer avec; à part.

Si je pouvais te rosser, toi, sans que tu t'en aperçusses! (Il sort par la porte de gauche.)

TRICK, regardant Roland sous le nez, en riant et lui tapant sur le ventre.

Farceur, va! es-tu donc *trôle!* (Il sort en riant tout seul.)

SCÈNE XIII

ROLAND, GASTON, PROFILET *.

ROLAND, regardant sortir Trick.

Étrange!

PROFILET, riant, ainsi que Gaston, et venant à lui.

Ah! ça, voyons, qu'est-ce que vous faisiez dans ce grenier?

ROLAND, gaiement, à Gaston.

Mais plus étrange encore! celui-ci ne me tutoie plus!

PROFILET, embarrassé.

Nous sommes-nous jamais?...

GASTON, à Roland.

Il ne m'a pas même reconnu.

* Gaston, Roland, Profilet.

ROLAND, de même.

Ingrat, as-tu oublié... (A Gaston.) Il a oublié... cette nuit d'épreuves, où Ferragus te reçut *dévorant*, après t'avoir fait boire douze verres de vin de champagne, aux douze coups de l'horloge qui sonnait minuit !

PROFILET.

Chut! chut!

ROLAND.

Tu étais bien ému, Profilet ! (A Gaston) Il était bien ému. Tu pleurais, Profilet !... et tu te jetais dans mes bras en m'appelant : *Agamemnon !*...

PROFILET.

Oui, oui, mais ce souvenir ici ne m'est pas agréable ! va pour le tutoiement !... Que diable fais-tu dans ce grenier ?

ROLAND.

Je maigris !...

GASTON.

Tu maigris ?...

ROLAND.

Oui, mes enfants, oui, parce que je deviens gras, et un homme gras est un homme fini. Aussi, depuis deux ans que notre chère société est dissoute, je vague tout l'été par les monts et les plaines, dans des lieux écartés où de maigrir en paix on ait la liberté ! Ma nourriture est celle de l'anachorète, c'est le moment des noix, je suis aux noix ! Encore quinze jours de noix ! je tourne au fakir... je suis transparent !.. Et je rentre à Paris où toutes les petites dames vont se jeter à mon cou en s'écriant : Ah ! ce bon Roland !... à la bonne heure ! il est jaune, il est sec, il est creux ! il est sauvé, l'animal !

GASTON, riant.

Toujours le même et toujours fou !

ACTE PREMIER.

PROFILET.

Et pourtant, l'homme qui n'a pas su vieillir avec le temps et qui conserve encore dans un âge !...

ROLAND, l'interrompant.

Qu'est-ce que c'est que ça ?

GASTON.

De la morale !

ROLAND.

De la morale ! ah ! la vilaine bête ! je la sentais venir ! Donne-moi ma bougie et bonsoir !

GASTON, le retenant.

Comment ! tu ?...

ROLAND.

Ma bougie ?

PROFILET.

Il vient pourtant un moment où la frivolité doit faire place...

ROLAND, agacé, cherchant à le faire taire.

Oh ! la la !

PROFILET.

Et si la jeunesse peut jusqu'à un certain point...

ROLAND.

Oh ! la la !

PROFILET.

C'est à la condition que l'âge mûr !...

ROLAND.

Oh ! la la ! la la ! la la ! (Il lui met la main sur la bouche pour l'empêcher de continuer.)

PROFILET, reculant.

Mais, sacrebleu !

ROLAND, vivement.

A la bonne heure ! courage, Profilet ! jure, mon ami ! voilà la vérité !

PROFILET.

Je puis bien dire peut-être, que l'homme une fois marié...

ROLAND.

Ça oui ! ce n'est pas une moralité, c'est un ennui ! Tu t'es donc marié, nigaud ?

PROFILET.

Oui !

ROLAND.

Imbécile, va !... moi aussi !

GASTON.

Ah bah !

ROLAND.

Oui, cela le fait rire, tenez, ce drôle-là !

GASTON.

Tu t'es laissé prendre à quelque ?...

ROLAND.

Je me suis bien pris moi-même !

GASTON.

Enfin, quelle raison ?...

ROLAND.

Ah ! mes enfants ! toujours la même !... ce malheureux embonpoint ! (Reprenant.) Le jour où je reconnus avec horreur comme trop étroit un gilet trop large la veille ; je me dis : Roland, mon ami, assez chassé ; voici le froid, la neige n'est pas loin ! Rentre tes chiens et ne va pas gagner des rhumatismes à courir plus longtemps la perdrix. Le rôti domestique a son bon côté ! Et une légère atteinte de goutte venant à propos souligner cette réflexion, je me laissai marier avec une riche héritière étrangère, jolie, blonde, svelte, en ce temps-là !... et qui m'était du reste parfaitement indifférente, comme doit l'être toute femme que l'on destine à l'honneur de rappeler au logis les vertus patriarcales des matrones romaines... (Protestation de Gaston et de Profilet.) Oh ! mes chérubins, si papa

Ferragus n'a plus le droit de dire des énormités, je reprends ma bougie, je vais me coucher, et vous ne me revoyez plus !

GASTON.

Non, non, continue !

ROLAND, ramené à l'avant-scène.

Quand il fallut dire *oui!* mes chers enfants du bon Dieu, je sentis toutes les affres de la mort. Pourtant je dis (lugubrement) : *Oui !...* avec cette gaieté-là. Je passe la noce !... (Avec épouvante.) Je passe la noce, qui se fit aux frais du beau-père ! Un dîner, mes enfants !.. Et des vins !... (Il va tomber sur la table d'un air désolé en cognant dessus avec le poing.) Un château-Iquem entre autres, un château-Iquem 53... si on a jamais entendu parler d'un château-Iquem 53.

GASTON, allant à lui.

Pauvre garçon !...

ROLAND, assis sur la table.

Ne te marie jamais, cher enfant ! Le repas de noce est l'emblème de tout ce qui va suivre. Le potage froid, les glaces chaudes, le café tiède, c'est tout le mariage ! — Ma femme est une Américaine, mais élevée à Paris heureusement. Mon beau-père, arrivé de l'Ohio pour la cérémonie, est un quaker réformé... Ne cherchez pas... une chose dont vous ne pouvez pas vous faire une idée juste, ni lui non plus !

GASTON.

Tiens !

ROLAND, reprenant.

Nous disons donc un quaker. Il buvait bien d'ailleurs, quoique quaker... Mais, au dessert, il nous fit un sermon... Ah ! Dieu ! sur les devoirs du mariage !... Et qu'il fallait croître !... et que la femme est une vigne féconde... etc., etc. Je regardais madame Roland, qui ne me faisait jusque-là que l'effet d'un sarment...

GASTON.

Et puis ?

ROLAND.

Et puis, voici le quaker qui me prend à part et qui entame, avec précautions oratoires, un discours... (S'arrêtant.) Mes enfants, je vous le donne en cent? Le quaker se croyait obligé de me prévenir... Enfin, le quaker fait la maman avec moi! J'éclate de rire! Il se fâche; on s'explique. Je ne sais comment j'ai la folie de lui dire (les mauvais vins font toujours faire des sottises...) : Mais soyez donc tranquille, ô mon père, je suis comme la fiancée du roi de Garbel... Il avait lu les contes de la Fontaine, quoique quaker; il comprend, il s'emporte!... « Ma fille, à un libertin; à un vigneron qui a grapillé sur tous les coteaux! jamais!... » La vigne pleure, je veux l'enlacer... Elle se jette dans ses bras en criant : « Papa! » Je me sauve! et je cours au café Anglais où je fais seul un petit souper! (Avec enthousiasme.) Un château-Iquem 47! A la bonne heure!

GASTON.

Et le lendemain?

ROLAND.

Le lendemain, je bouclai ma valise, et je partis pour Alger.

PROFILET.

Et tu n'as plus revu ta femme?

ROLAND.

Si, une fois, tout récemment... un peu plus boulotte, et ma foi, très-agréable à voir!

PROFILET.

Et tu ne comptes pas?...

ROLAND.

Je compte profiter de la rupture quatre ou cinq ans encore et user les restes de cette bonne liberté dont je me trouve si bien; après quoi, je me fais quaker pour faire plaisir au beau-père, je rentre au bercail, et la vigne prospère et multiplie.

GASTON.

Et si en attendant, elle?...

ACTE PREMIER.

ROLAND, saisi.

Oh!

GASTON.

Cela s'est vu!

PROFILET.

Il a raison!

ROLAND, le faisant taire.

Oh! la la! non, mes enfants, non!... Profilet peut-être; mais moi!...

GASTON.

Ma foi!... (Il remonte à la fenêtre.)

ROLAND *.

Au fait! Il regardait tout à l'heure madame Roland! (Haut.) Misère! qu'est-ce que tu fais ici, toi?

GASTON.

Moi?

ROLAND.

Oui!

GASTON, après un silence et sérieusement.

Je suis effroyablement amoureux!

ROLAND.

De la blonde?

GASTON.

Non! de la brune!

ROLAND.

Bon! bon! Tu es dans la vérité, mon fils! Il n'y a que les brunes!

PROFILET.

Ah! vous êtes amoureux?... vous! Et tout de bon?...

---

* Roland, Profilet, Gaston à la fenêtre.

GASTON.

Amoureux fou!

ROLAND.

A la bonne heure!

[GASTON.

Oh! ne raille pas! Il ne s'agit pas ici d'un caprice et d'une fantaisie de plus; c'est de l'amour... comme tu n'en connais pas, et moi non plus! C'est une possession qui ne me laisse plus ni présence d'esprit, ni raison... Enfin, c'est du véritable amour, c'est-à-dire je ne sais quoi qui est délicieux et stupide!...

ROLAND.

Toujours jeune! toujours ardent!]

GASTON, allant à lui.

Et si je te disais que c'est au point que mon passé me révolte, que je me trouve indigne de cette femme, et que je donnerais dix ans de la vie qu'il me reste à vivre, pour avoir le droit de lui dire avec fierté : « Je vous aime et je suis un honnête homme! »

ROLAND.

Oh! la la! oh! la la! qu'est-ce que j'entends! Regretter la vie, la bonne petite vie que papa Ferragus nous a faite.

GASTON.

Ah! pardieu! elle est belle, la vie que tu m'as faite! Tuer l'amitié par le mépris, l'amour par le dégoût, l'appétit par la satiété, la santé par l'abus, tuer tout autour de soi, en se tuant soi-même et sans venir à bout de tuer l'ennui! La voilà, ma vie! Délicieuse, n'est-ce pas?

ROLAND.

Oui, oui, tu voudrais bien me faire faire de la morale, toi, mais tu ne m'y prendras pas.

GASTON.

Et tu crois que je n'aspire pas à en changer?

ROLAND.

Je t'en défie.

GASTON.

Tu m'en défies?

ROLAND.

Oui!

GASTON.

Je ne pourrai pas changer, si je veux! Et renoncer?...

ROLAND.

Non!

GASTON.

Parce que?...

ROLAND.

Parce qu'on ne refait, mon fils, ni sa nature, ni son crâne; parce qu'un chat reste chat et ne devient jamais lapin; parce que tu as tous les vices piqués dans cette petite boîte-là (il lui frappe sur le front) comme les notes sont piquées sur le cylindre d'un orgue de barbarie! Et l'air noté dans ton instrument étant la gaudriole, tu auras beau tourner la manivelle pendant cent-cinquante ans, ton instrument ne te jouera jamais un cantique!

GASTON.

Oh! que cette femme m'aime seulement et que son amour m'encourage et me soutienne, et tu verras bien!

ROLAND, qui est allé prendre sa bougie[*].

Je ne verrai rien du tout! Tu me fais l'effet d'un corsaire qui veut devenir confiseur! Tu vides tes barils de poudre pour y verser du sirop; et tu ne vois pas, nigaud, que dans trois jours, tu enverras les sucreries à tous les diables, pour retourner à la tempête, à la bataille, et au pillage!

[*] Gaston assis, Roland, Profillet.

GASTON.

Jamais !

ROLAND, prêt à remonter, s'arrêtant encore.

Lâche apostat, va! Un ingrat dont j'ai surveillé moi-même l'éducation d'un œil tout paternel!... Mon disciple, mon élève chéri ! Un être dont je n'entends absolument faire que l'éloge ! car tu vas bien, mon fils!... Oui, oui, tu vas bien... une bonne fourchette, dans les bons restaurants ; ceux, hélas ! trop rares, qui ont encore une cave ! Du luxe, le jeu, les femmes, les chevaux ! (A Profilet.) Il est ruiné, n'est-ce pas? (A Gaston.) J'espère bien que tu es ruiné !

PROFILET.

Parbleu!

ROLAND.

Ch r enfant !

PROFILET.

Deux fois !

ROLAND.

Deux fois! Charmant enfant !

PROFILET.

Le patrimoine d'abord, puis l'héritage de sa grand'mère, et il entame celui de sa tante Désirée.

ROLAND, avec affection.

Il entame sa tante Désirée! (A Gaston.) Si tu as besoin d'un coup de main, cher enfant?...

GASTON, haussant l'épaule et se levant.

Quel fou !

ROLAND.

Nous mangerons ensemble la tante Désirée !... Combien peut encore durer la tante Désirée?... un an, dix-huit mois encore, hein?

PROFILET.

Hum! six mois tout au plus!

ROLAND.

Alors, mange-la tout seul! Il n'y a pas assez de tante Désirée pour moi! Je vais me coucher! Et je vous souhaite le bonsoir! car je pars demain à l'aurore!

GASTON.

Bonne nuit, adieu!

ROLAND, prêt à sortir.

Voyons! un grand élan! Je t'emmène, je te distrais, et je te sauve de cette passion nébuleuse!

GASTON.

Non!

ROLAND.

Tu es décidé?

GASTON.

A tout!

PROFILET.

Même à l'épouser!

GASTON, avec force.

Ah Dieu! si elle le voulait!

ROLAND.

Raca! raca! Le dernier *Dévorant*... (il souffle sa bougie) éteint!

SCÈNE XIV

Les Mêmes, JEANNE, TRICK, SARAH*. Sarah entre avec deux bougies, elle en pose une sur la table, Trick porte deux bougies, il en donne une à Profilet qui sort.

JEANNE.

Messieurs, voici le couvre-feu!

* Gaston, Roland, Trick, Jeanne, Profilet, Sarah.

ROLAND.

Dieu! madame, pardonnez-moi de reparaître encore! je me sauvais!

TRICK.

Eh bien! *tu curs, curs !* et *ton pougie* est éteint! (On entend le vent qui commence à souffler.)

ROLAND.

Vous êtes bien aimable, monsieur !

JEANNE.

Je crois que nous ne dormirons pas facilement cette nuit! Entendez-vous le vent ? — Monsieur de Champlieu, votre cheval est sellé! et Trick va vous conduire!...

GASTON, saisi.

Madame!...

ROLAND, bas.

C'est un congé!

GASTON, à part.

Oui, mais je ne partirai pas !

JEANNE.

Adieu, monsieur !

GASTON.

Mesdames! (Il salue et sort, Trick le suit.)

SCÈNE XV

ROLAND, JEANNE, SARAH*.

JEANNE, à part.

Il est parti enfin!

* Jeanne, Roland, Sarah.

ROLAND, saluant pour se retirer.

Madame!...

JEANNE.

Monsieur!... (Bruit d'un volet qui bat.)

SARAH.

Entends-tu?

ROLAND.

Oui, c'est un volet qui bat!

JEANNE, à Sarah.

C'est chez toi!

SARAH.

Ma porte ferme bien au moins?

JEANNE.

Oui! oui! (Elle embrasse Sarah.)

ROLAND, sur le seuil de la porte, sa bougie à la main.

Madame a peur?

SARAH, de même.

Oui, monsieur! (Elle sort; Roland la suit jusque dans l'antichambre.)

ROLAND, hésitant, à part.

Si elle n'était pas ma femme pourtant!... (résolu) mais c'est ma femme! (Il rentre et se sauve par la porte de la bibliothèque qu'on l'entend fermer au verrou.)

SCÈNE XVI

JEANNE, puis GASTON.

JEANNE, seule, souriant.

Oh! mon Dieu! comme il s'enferme, ce monsieur!... Enfin,

me voilà seule!... allons dormir! Je pensais à quelque chose! (Bruit de vent.) Ce vent m'étourdit, je ne sais plus ce que c'était! — Ah! Sylvie que je voulais appeler! Non, elle est chez Sarah! je me déferai bien toute seule! — Voilà un mauvais temps pour renvoyer quelqu'un du château! Franchement, je n'ai pas été charitable!... s'il n'était pas encore parti! (Elle va pour prendre le flambeau qui est sur la table; on frappe à la porte de gauche.) On frappe!.. non, c'est le vent! (Même jeu.) Non! on a bien frappé! — Qui est là?...

GASTON, dehors à la porte, premier plan à gauche.

Madame!

JEANNE.

C'est lui!

GASTON.

Mille pardons, madame, c'est ma cravache qui me ramène, je l'ai oubliée sur la table!

JEANNE, à elle-même.

Ah! (Haut.) Je ne vois rien sur la table!

GASTON.

Si vous voulez me permettre d'entrer une seconde, je la trouverai tout de suite!

JEANNE, à elle-même, un peu émue.

Entrer! mais non! Ah! pourquoi pas? vais-je laisser croire à ce monsieur qu'il me fait peur?

GASTON.

Vous dites, madame?

JEANNE.

Je ne puis pas ouvrir, la clef n'est pas là?

GASTON.

Oui, madame! elle est de mon côté, et puisque vous le permettez (il entre), j'entre!... (Il va pour fermer la porte.)

ACTE PREMIER.

JEANNE.

Laissez la porte entr'ouverte, je vous prie ?

GASTON, laissant la porte entrebâillée.

Oui, madame : je vous demande pardon, j'ai cherché partout un domestique en montant, mais tout le monde est probablement dans l'autre escalier. (Il va pour poser son chapeau sur la chaise qui est près de la cheminée.)

JEANNE.

Voici la cravache, monsieur.

GASTON, reprenant son chapeau.

Mille grâces !

JEANNE.

Mais si vous la redemandez, c'est pour vous en servir, je pense... N'épargnez pas le cheval, croyez-moi ; et s'il prend la route de Paris, laissez-le faire ! (Elle lui donne la cravache.)

GASTON, la prenant.

Si je le laisse faire, madame, je le connais, il reviendra ici, à bride abattue ! (Vent.)

JEANNE.

Non ! je vais vous éclairer ! (Elle prend la lumière pour l'éclairer, le vent redouble.)

GASTON.

Avouez que vous ne renverriez pas un valet par un temps pareil, et que si je refusais...

JEANNE.

Vous auriez tort ! vous êtes déjà très-attardé ! le vent redouble, et il vous chasse ! Adieu ! (Un coup de vent violent ouvre la fenêtre tout à coup, ferme la porte du fond et la porte premier plan à gauche, en éteignant la bougie. On entend le bouton de cuivre qui se détache et qui tombe ; nuit. Jeanne, effrayée, pousse un cri.) Ah !

GASTON.

Le vent vous donne un démenti, madame; car il a fermé la porte!

JEANNE.

Eh bien, nous l'ouvrirons! voulez-vous avoir la complaisance de sonner?...

GASTON, cherchant dans l'obscurité.

Où est la sonnette, madame?

JEANNE.

A la cheminée!

GASTON, cherchant sur la tablette de la cheminée

Je ne trouve rien!

JEANNE.

Si... le cordon!

GASTON, tâtant le mur.

Ah! le cordon! — Mais il n'y a pas de cordon, madame.

JEANNE.

Vous plaisantez?

GASTON.

Voulez-vous que j'allume?

JEANNE.

Oui, je vous prie!

GASTON, la cherchant.

Où êtes-vous?

JEANNE, lui donnant le flambeau en reculant.

Tenez!

GASTON.

Merci! (Il retourne à la cheminée et pendant ce qui suit fait semblant de frotter sur le chambranle de la cheminée des allumettes qu'il jette au feu par poignées, tandis que Jeanne ne le voit pas.)

ACTE DEUXIÈME.

RENNEQUIN, avec satisfaction.

Bon! bon! c'est que vous n'êtes pas adroit; moi je suis adroit. J'ai aussi travaillé, moi, de mon côté.

CYPRIEN.

Ah! vous savez?

RENNEQUIN.

Dites d'abord ce que vous avez fait, vous... (Il passe derrière Cyprien pour aller mettre son chapeau sur le canapé; Cyprien prend le milieu de la scène.)

CYPRIEN.

Ce qui était convenu; j'ai suivi le Gaston hier au sortir de cette maison, et je ne l'ai plus perdu de vue, afin de m'assurer s'il reviendrait ici, le soir! Il a dîné à son cercle; il est sorti à neuf heures. Arrivé au boulevard, il hésitait entre la Madeleine et la Bastille. La Madeleine, c'était apparemment la cousine; l'autre côté, c'était le tripot, rue Richelieu, où il est entré définitivement ; pour jouer, rejouer, perdre, reperdre, et ainsi de suite jusqu'à quatre heures du matin; où il est rentré chez lui, et moi chez moi, et si bien éreinté, que je n'ai pas fermé l'œil de la nuit! voilà!

RENNEQUIN, hargneux.

Oui! c'est un reproche, ça; c'est une manière de dire que je ronflais pendant ce temps-là, moi.

CYPRIEN, surpris.

Moi? je ne dis pas...

RENNEQUIN *.

Ah! vous ne dites pas... Il y a des choses qu'on ne dit pas et qui se sentent! Ainsi nous ne pouvons pas nous souffrir tous les trois. Ça se sent assez! on n'a pas besoin de le dire.

PROFILET.

Merci...

* Profilet, Rennequin, Cyprien.

RENNEQUIN leur tendant la main.

Mais puisque nous avons des intérêts communs, quand nous aurions quelques égards les uns pour les autres... surtout, vous pour moi.

PROFILET, surpris.

Mais, mon Dieu !...

RENNEQUIN.

Quand nous serions un peu unis (avec émotion en leur serrant la main) comme des frères ! Nous trouverons bien assez l'occasion de nous déchirer après !... n'est-ce pas ?

CYPRIEN.

Ah ! oui !

RENNEQUIN.

C'est donc bien entendu ; c'est moi qui mène tout...

CYPRIEN, surpris.

Ah ! c'est entendu !

RENNEQUIN.

Oui, parce que je suis plus fin que vous ! (A Cyprien, en riant avec malice.) Car, vous n'êtes pas fin comme l'ambre, vous ! (Profilet rit et approuve Rennequin.)

CYPRIEN.

Mais !...

RENNEQUIN, à Profilet qui rit.

Ni vous non plus !

PROFILET, saisi.

Mais autant que vous !

RENNEQUIN.

Ah ! bien ! si vous recommencez tout de suite à me dire des choses désagréables...

CYPRIEN, agacé.

Oh ! ce Rennequin !

ACTE DEUXIÈME.

RENNEQUIN.

Je dis donc, si vous voulez bien me permettre de parler, que depuis huit jours, pour venir à bout de savoir ce qui nous occupe, il n'est pas de ruses que je n'ai tendues ! (A Profilet qui l'écoute attentivement.) Et quoique ça fasse secouer la tête à monsieur...

PROFILET, protestant.

A moi !

RENNEQUIN.

Oh ! je vois bien ce que je vois ! Enfin, avant-hier, j'ai commencé, dis-je ! qu'est-ce que je disais ? Vous m'avez interrompu !... je ne sais plus !

CYPRIEN.

Mais c'est vous-même !...

RENNEQUIN.

Enfin, ça ne fait rien ! parce que cette ruse-là n'a pas réussi !

PROFILET.

Ah !

RENNEQUIN.

Non ! alors le lendemain, c'était hier ; j'ai essayé une autre ruse pour faire parler ma nièce... je l'ai taquinée, quoique je ne sois guère taquin, moi !... Tout en comprenant la plaisanterie... (Les regardant de travers.) Quand elle n'est pas trop prolongée pourtant, comme les signes que vous faites là, depuis une heure, derrière mon dos.

CYPRIEN, saisi comme Profilet.

Quoi ?...

RENNEQUIN.

Non ! non ! je veux bien ne pas l'avoir vu ! je disais donc... (Il cherche à se rappeler.) Où en étais-je ?

PROFILET, abasourdi.

Mais est-ce que je sais, moi ?

RENNEQUIN.

Alors, vous ne m'écoutez pas! dites-le tout de suite.

CYPRIEN, agacé.

Oh! Rennequin! (Il piétine.)

RENNEQUIN.

Je ne sais plus où j'en suis... avec toutes vos interruptions! Enfin, cela ne fait rien, parce que cette ruse-là n'a pas réussi plus que la première.

CYPRIEN.

Ah! alors, passons à troisième!

RENNEQUIN.

La troisième!... c'était donc ce matin!

PROFILET.

Alors, c'est tout récent!

RENNEQUIN.

C'est tout récent, oui! — Je l'aurais dit tout seul... Ce n'est pas la peine de me souffler!... Elle allait sortir, j'arrivais... et je me dis, voici le moment de savoir...

CYPRIEN.

Où elle va... (Rennequin, sans rien dire, va s'asseoir près de la table, met ses mains dans ses poches et prend un air résigné; surprise des deux hommes. Cyprien va à lui pour lui parler.)

RENNEQUIN, à Cyprien.

Non! puisque vous savez l'histoire; racontez-la!

CYPRIEN.

Moi?

RENNEQUIN.

Vous comprenez!... vous la savez mieux que moi!... il vaut bien mieux que vous la racontiez vous-même.

PROFILET.

Voyons, Rennequin!

ACTE DEUXIÈME.

RENNEQUIN.

Non! non! qu'il raconte!... qu'il raconte...

CYPRIEN.

Mais sapristi! Rennequin, continuez donc!

RENNEQUIN.

Vous êtes bien bon! (Il se lève.) Où en étais-je? je ne sais plus, moi!

PROFILET.

Elle allait sortir ce matin et vous...

RENNEQUIN.

Ah! oui! ah! — Eh bien, c'est inutile! cette ruse-là n'a pas réussi non plus.

CYPRIEN.

Mâtin! il fallait donc le dire tout de suite! (Il remonte.)

RENNEQUIN.

Je l'aurais dit tout de suite si vous m'aviez laissé parler!... mais vous êtes comme un fou.

CYPRIEN, redescendant.

Mais c'est vous!...

RENNEQUIN.

Ah! mais je vous défends d'abord de me dire des choses désagréables!...

PROFILET, s'interposant et passant devant Cyprien.

Allons! chut! chut! chut! et au lieu de nous disputer... comment nous assurer que M. de Champlieu est quelque chose de plus que l'ami de notre cousine?...

RENNEQUIN.

Oui, car s'il est quelque chose de plus... (allant à Cyprien) nous sommes perdus!... Profilet le connaît! ils ont fait ensemble une vie de Polichinelle! (Mouvement d'impatience de Profilet, riant en s'adressant à Cyprien.) Ça le taquine, oh! c'est amusant!

Avec l'éducation que lui a donnée Profilet, il va croquer toute la fortune de ma pauvre nièce!

CYPRIEN.

Et-comment l'empêcher?

RENNEQUIN.

Mais taisez-vous donc... puisque je vais le dire... Il faut tout bonnement désenchanter Jeanne sur le compte de ce monsieur!

CYPRIEN.

L'éreinter!... ah! c'est facile! avec la vie qu'il mène depuis son retour à Paris!... il n'y a qu'à dire tout ce qu'on sait!...

RENNEQUIN.

Et même ce qu'on ne sait pas.

CYPRIEN.

Nous *l'éreintons!*

PROFILET.

Nous *l'éreintons!* c'est dit!

CYPRIEN.

Allons déjeuner!

RENNEQUIN.

C'est ça!... allons... (Il s'arrête ; fausse sortie de Profilet et de Cyprien, ce dernier s'arrête en voyant que Rennequin ne le suit pas.)

CYPRIEN, à Rennequin.

Eh bien?

RENNEQUIN, indécis.

Eh bien, oui! Eh bien, oui! mais ça ne me va pas encore beaucoup ce moyen-là.

PROFILET.

Parce que?...

RENNEQUIN.

Parce que quand nous l'aurons bien... comme dit monsieur... si elle est tout à fait désillusionnée, elle le mettra à la porte.

CYPRIEN.

Eh bien, tant mieux !

RENNEQUIN.

Oh! oui! tant mieux!... tant pis! — Si elle avait par hasard l'idée de l'épouser!...

CYPRIEN et PROFILET, frappés.

Ah!

RENNEQUIN.

C'est donc nous ses parents... ses bons parents, qui viendrions l'empêcher de faire cette bêtise-là?...

CYPRIEN, vivement.

Et de nous transmettre l'héritage!... Fichtre, non!...

PROFILET.

Alors on ne l'éreinte plus?...

RENNEQUIN.

Moi... savez-vous?... (Souriant.) Ça va peut-être vous paraître drôle!

CYPRIEN.

Non!

RENNEQUIN.

Pourquoi dites-vous non ; vous n'en savez rien... (Agacé.) Oh!... Du reste votre opinion... Moi... savez-vous?... je proposerais plutôt de faire son éloge!

PROFILET et CYPRIEN, surpris.

Ah!

RENNEQUIN.

Oui! ça la déciderait à l'épouser plus vite.

CYPRIEN.

Seulement, c'est moins facile : dire du bien de quelqu'un !

RENNEQUIN.

Ce n'est pas plus difficile que d'en dire du mal.. Du moment que ce n'est pas dans son intérêt...

PROFILET, vivement.

Il a raison : l'homme qu'on admire...

RENNEQUIN, vivement, l'arrêtant.

Oh! non!... ce serait trop long... nous n'avons pas de temps à perdre!

CYPRIEN.

Enfin, c'est dit, on fait son éloge!... Eh bien, séparons-nous! (Il va pour remonter avec Profilet.)

RENNEQUIN.

Oh! séparons-nous!... Comme ça, (avec émotion) froidement... il n'a pas de... (Se frappant le cœur.) Séparons-nous, je le veux bien... je ne demande pas mieux, même... Mais (avec émotion) séparons-nous en frères. (Il leur serre la main.) Ce n'est pas que nous nous aimions tous les trois?

CYPRIEN et PROFILET.

Non!

RENNEQUIN, de même.

Oh! bigre non!... mais quand on a des intérêts communs, n'est-ce pas?...

CYPRIEN et PROFILET.

Oui!

RENNEQUIN.

Courage! tout ira bien : et retirons-nous sans bruit pour qu'on ne se doute pas...

PROFILET et CYPRIEN, bas.

Oui! (Ils sortent sur la pointe du pied par le fond : Trick qui rentre les regarde d'un air étonné.)

RENNEQUIN.

Où ai-je mis mon chapeau?

TRICK.

Voilà!... (Il le lui tend.)

ACTE DEUXIÈME.

RENNEQUIN.

Ah!... je l'aurais pris tout seul!... (Il remonte et se croise avec Sarah qui entre. A Sarah.) Oh! ces domestiques...

SCÈNE III

TRICK, SARAH*.

SARAH. Elle est en toilette de ville et prête l'oreille au fond.
Trick!

TRICK.

Madame!

SARAH, vivement.

Voilà une heure qu'un monsieur me suit dans la rue, sans venir à bout de voir ma figure! Il monte! (Mouvement de Trick.) Je le connais. Fais-le entrer dans le salon...

TRICK.

Pon! et puis tirer son oreille, comme aux petits garçons qui *l'être* pas sages!

SARAH.

Ah! mais non! Prie-le d'attendre madame...

TRICK.

Madame!...

SARAH.

Madame!... tu m'entends bien, sans nommer personne.

TRICK, stupéfait.

Ah!

SARAH.

Vite! le voici. J'entre dans la chambre de Jeanne et je reviens... (Elle se sauve.)

* Sarah, Trick.

TRICK, la suivant jusqu'à la porte de Jeanne.

Si t'étais pas une si honnête femme!... bigre!... mais t'es *un* si honnête, *bon petit* femme!

ROLAND, dans la coulisse.

Bon! très-bien! j'attendrai madame.

SCÈNE IV

ROLAND, TRICK *.

ROLAND.

Charmante femme, si j'en crois le pied et la main! Charmant logis, si j'en crois ce salon! Charmante aventure! si j'en crois la facilité avec laquelle ces portes s'ouvrent devant moi! Ne cherchons plus fortune, ami Roland, voici l'emploi de notre journée! (A Trick.) Voulez-vous dire à Madame... en lui remettant cette carte... (Il va s'asseoir sur le canapé.)

TRICK, le reconnaissant.

Tiens! c'est *tonc* toi?...

ROLAND, stupéfait, se retournant.

Hé?

TRICK.

T'es *tonc tujurs* un peu fou? *T'entres tonc tujurs* dans les maisons, quand tu connais pas le *monte?*...

ROLAND, stupéfait.

Sacrebleu! l'animal qui m'a déjà tutoyé sur les bords de la Manche! (Il se lève.) Mais alors, cette femme que j'ai suivie...

SCÈNE V

ROLAND, TRICK, SARAH **.

ROLAND, apercevant Sarah.

Misère! c'est la mienne!

---

* Trick, Roland.
** Sarah, Trick, Roland.

ACTE DEUXIÈME.

TRICK.

Son femme!

SARAH.

Laissez-nous, Trick.

TRICK, enchanté.

Oh! c'est *pien pon!* Oh! *c'être pien choliment pon!* Il *être* pris par *son* femme! (Il lui frappe sur le ventre en riant.)

ROLAND.

C'est une manie, respectons-la.

TRICK, tout en s'en allant.

Oh! *pigre de pigre!* Oh! c'est *pien pon!*... Oh! je suis *gontent!* (Il sort en riant.)

SCÈNE VI

ROLAND, SARAH*.

SARAH, un temps, embarras de Roland.

Prenez donc la peine de vous asseoir, monsieur!

ROLAND.

Madame! (Il lui avance une chaise, puis il remonte chercher une autre chaise qu'il place près de celle de Sarah.)

SARAH.

Vous m'avez suivie tout à l'heure avec une telle persistance, que j'ai dû vous supposer un très-vif désir de causer avec moi.

ROLAND.

Un énorme désir, madame, un désir insatiable! (A part.) Adorable, du reste! depuis qu'elle s'est arrondie!

SARAH, l'invitant à s'asseoir.

Voyons donc, monsieur, ce que vous avez à me dire et croyez que je serais heureuse de vous être agréable!

* Sarah, Roland.

ROLAND, vivement.

Ah! Dieu! je... (S'arrêtant.) Pardon, madame!... (A part, il s'assied.) Charmante!

SARAH.

Nous disions donc, monsieur?...

ROLAND.

Nous disions donc, madame, que vous avez dû me trouver bien indiscret, bien curieux!

SARAH.

Mais non!

ROLAND.

Oh! pardonnez-moi! Vous pouvez croire que cette attention à vous suivre cachait quelque velléité soupçonneuse et jalouse!... Ah! Dieu! madame, faites assez de cas de ma délicatesse, je vous en prie... pour être bien persuadée qu'il n'en est rien; et que je ne veux même pas savoir à quel titre vous êtes dans cette maison!...

SARAH.

Mais il n'y a rien que de très-simple, monsieur, j'y demeure.

ROLAND.

Ici?

SARAH.

Ici! Chez une amie que vous connaissez du reste et qui a bien voulu me donner asile...

ROLAND, l'interrompant.

Encore une fois, madame, je ne veux rien savoir!... (A part.) Elle est ravissante!... un teint!... des cheveux! Et une petite bouche friande. (Il avance sa chaise près de Sarah.)

SARAH.

Mais alors cette persistance à me suivre?...

ROLAND, avec chaleur.

Eh! mon Dieu! il faut bien le dire, madame; à la vue de ce

pied ravissant, de cette main divine!... Enfin! madame, il est certaines influences contre lesquelles on ne saurait lutter, et au risque d'encourir votre colère, je voulais vous conjurer de me donner...

SARAH.

De vous donner?

ROLAND, à part.

Misère! j'oublie que c'est ma femme. (Haut.) De me donner des nouvelles de monsieur votre père.

SARAH, un peu déconcertée.

Ah!... Il est retourné en Amérique, monsieur.

ROLAND.

Ah! tant pis! tant pis! (Avec chaleur.) Alors nous ne le verrons plus! Je disais donc, madame, que ces yeux, ce sourire...

SARAH.

Mais il reviendra l'hiver prochain.

ROLAND, reculant.

Le quaker!... Pardon! monsieur votre père!...

SARAH.

Et pour ne plus me quitter jamais, je pense!

ROLAND, se levant.

Jamais! (A part.) Misère! je me sauve! (Il se lève et place la chaise derrière le canapé.)

SARAH, se levant.

Eh bien! (A part.) Déjà! (Haut.) C'est là tout ce que vous avez à me dire?

ROLAND.

Sur son compte, oui, madame; car sur le vôtre, je ne tarirais pas!

SARAH.

Vous êtes trop galant!

####### ROLAND, debout et prêt à partir.

Non, d'honneur! chère madame, on n'est pas plus ravissante! Une fraîcheur! un léger embonpoint! Précisément ce qu'il en faut!... Restez-en là! c'est la limite!... un peu plus serait trop, un peu moins ne serait pas assez!

####### SARAH.

Et vous-même, vous vous portez bien, je vois!

####### ROLAND, gaiement.

Comme vous! Le mariage, madame, c'est le mariage! Me sera-t-il permis de venir prendre quelquefois des nouvelles de cette précieuse santé?

####### SARAH.

Le lundi je suis toujours chez moi!

####### ROLAND.

Pour tout le monde, sans doute; mais puis-je espérer que vous ouvrirez quelquefois la porte à un ancien ami, à un parent même, très-désireux de faire plus amplement votre connaissance?

####### SARAH.

On n'ouvrira pas la porte, monsieur, mais enfin... on aura peut-être oublié de la fermer.

####### ROLAND.

Adorable! (Lui baisant la main.) Ah! si j'avais eu le bonheur de vous connaître avant mon mariage!

####### SARAH.

Eh bien?

####### ROLAND.

Ah! Dieu! je ne vous aurais pas épousée! Je ne serais pas votre mari, caractère grotesque qui comprime tout l'élan de mon amour; je serais votre amant, rôle sublime qui l'exalte! Je vous ferais la cour la plus illicite! Je vous enlèverais de la façon la plus illégale! Je vous afficherais de la manière la plus scandaleuse! Ah! Dieu! si vous n'étiez pas ma femme!

ACTE DEUXIÈME.

SARAH.

Voilà bien, par exemple, la première fois qu'une femme mariée...

ROLAND.

Ah! voilà le seul côté piquant, tenez!... c'est que vous êtes mariée. — Et malheureusement, c'est avec moi!

SARAH, riant.

Ah! ah!

ROLAND.

Et cela vous fait rire?

SARAH.

Ah! oui!

ROLAND, à part.

Et plus de pruderie! Toutes les vertus! (Haut.) Voyons! voyons! voyons! On pourrait peut-être arranger cela! En cachant bien que nous sommes mariés: si vous consentiez!...
(Sylvie entre et va à la cheminée arranger le feu.)

SARAH.

Ah! monsieur?

ROLAND, à demi-voix.

Quelqu'un! Ne dites pas qui je suis... Et ne nous couvrons pas de ridicule!

SARAH, de même.

Voyez comme je suis bonne, je me sauve pour ne pas vous compromettre.

ROLAND, vivement.

Et vous allez sortir?

SARAH.

Oui, quelques emplettes!

ROLAND.

Me permettez-vous de vous offrir mon bras?...

SARAH, à part, avec joie.

Ah!... (Elle s'arrête; affectant un ton sé.ieux) Vous avez une bien mauvaise réputation pour que l'on s'affiche avec vous!

ROLAND, protestant.

Oh! j'ai été calomnié toute ma vie.

SARAH, souriant.

Enfin, je me risque!... Le temps de mettre mon chapeau, je suis à vous! (Elle entre chez Jeanne.)

ROLAND.

Mais elle est divine, cette femme! Elle est divine! (Il va au canapé, au même moment on entend Gaston rire aux éclats dans la coulisse; Sylvie, en entendant la voix de Gaston au dehors, va pour ouvrir la porte du fond; Gaston paraît suivi de Trick.)

SCÈNE VII

SYLVIE, ROLAND, GASTON, TRICK [*].

GASTON, entrant vivement, il est à peu près gris; Trick le suit.

Comment! personne? Où sont-ils donc? (Prenant Sylvie par la taille et la forçant à redescendre en scène avec lui en la faisant courir.) Bonjour Thisbé, Caroline, Aspasie, Mignon, Rébecca, Margot!... Comment diable t'appelles-tu, toi? Je ne m'en souviens jamais!

SYLVIE, cherchant à se dégager.

Sylvie!

GASTON.

Sylvie!... c'est juste!... Ah! Sylvie... quel nom! la forêt, le ruisseau, l'oiseau qui chante, l'abeille qui bourdonne, et des bruyères, des bruyères, des bruyères!... Bonjour, Sylvie, je t'adore! (La faisant pirouetter en la lâchant.) Bonsoir, Sylvie, c'est fini!...

[*] Trick, Gaston, Sylvie, Roland, (musique).

SYLVIE, toute confuse.

Ah! monsieur!...

GASTON.

Où est madame?... Trick, où est madame?... je veux voir madame!

TRICK.

Matame est sortie après *téjeuner !* Et toi, tu viens après *téjeuner* aussi, *pigre !*...

GASTON.

Et quel déjeuner, Trick!... Ils étaient là, trois gentilhommes dignes d'être tutoyés par toi, et qui avaient perdu cette nuit tout l'argent que j'ai gagné! Car j'ai gagné, mon bon Trick!... parole d'honneur!.. et puis perdu!... je ne sais pas comment, par exemple, mais voilà tout ce qui reste. (Il fait sauter en l'air de l'or et des billets.)

TRICK.

De l'argent?

GASTON, jonglant avec les pièces d'or.

De l'argent, faquin!... de l'or!... Ramasse! ramasse! (Il jette les pièces d'or sur la table.)

TRICK.

Monsieur !

GASTON.

Veux-tu ramasser, ou je... (Il le fait passer devant lui, à Sylvie.) Et toi aussi! (Elle se sauve et remonte en ramassant; apercevant Roland.) Tiens! te voilà, toi?... Que diantre fais-tu là, mentor de ma jeunesse!

ROLAND, assis sur le canapé.

Je t'admire! ô Télémaque, et je suis ému jusqu'aux larmes!

GASTON.

Tu as beau dire; avec ton régime de noix, tu n'as pas diminué d'un pouce!

ROLAND.

J'ai diminué énormément !

GASTON.

Enormément, c'est ce que je dis ! — Dieu que j'ai chaud et que j'ai soif ! (Apercevant Trick qui s'est baissé sous la table.) Allons, qu'est-ce qu'il fait là-dessous, celui-là ?...

TRICK, à genoux.

Je ramasse ton argent, pour quand tu auras encore *pertu*, te le *rentre !*

GASTON.

Es-tu fou, misérable ? — Moi, ramasser de l'argent tombé !..

TRICK, debout.

Qu'est-ce que vous voulez que j'en fasse de votre or ?

GASTON, surpris.

Vous ! votre !... Tu ne me tutoies plus !... Nous sommes donc brouillés, Trick ?

TRICK, après avoir fait une mine sévère, souriant malgré lui.

Es-tu donc bête !

GASTON, amicalement.

A la bonne heure ! — Allons ! allons ! allons-nous-en ! allons, Sylvie ! allons, ma gazelle !... allons, Trick ! allons ! allons !... (Il les chasse avec son mouchoir.)

TRICK, sortant les mains au ciel.

Foilà un homme ! (Sylvie va pour rejoindre Trick en courant.)

GASTON, sur le seuil de la porte.

Allons ! allons !... (Reprenant Sylvie par la taille.) Ah ! friponne, où as-tu volé ces yeux-là, qui ne veulent pas quitter les miens ! Dis-moi que tu m'aimes ?

SYLVIE, cherchant à se dégager.

Ah ! monsieur, que c'est mal, ce que vous faites-là ?

GASTON, s'arrêtant.

C'est mal !

SYLVIE.

Si madame!...

GASTON.

Madame!... Tu crois donc que je veux t'embrasser sérieusement, petite bête, et que tes yeux m'attirent, et que ta joue brûlante?...

SYLVIE, effrayée.

Non, monsieur, non! je ne le crois plus!

[GASTON, l'embrassant.

Tu as tort! c'est fait!

SYLVIE, se sauvant.

Ah!... (Elle sort par le fond, Gaston tombe adossé contre le montant de la porte.)

SCÈNE VIII

ROLAND, GASTON*. Moment de silence.

GASTON, regardant Roland.

Eh bien, je suis ignoble!... quoi... après?...

ROLAND, assis sur le canapé.

Ah! si tu crois que je vais te faire de la morale, toi!...

GASTON, descendant.

Et tu as tort, mordieu! Écrase-moi donc d'injures et de mépris. Dis-moi donc que c'est honteux et révoltant, qu'on n'embrasse pas une femme de chambre, et surtout ici où... (S'arrêtant.) Il ne me manque plus que de crier encore cela par dessus les toits!

ROLAND, railleur.

Dis-donc, mon pitchoun!... il me semble que les noix morales et les pommes sentimentales ne te réussissent guère mieux qu'à moi. — Ces petits vices n'ont pas maigri, cher enfant;

* Gaston, Roland. (La musique cesse.)

ils se portent même assez bien, les gaillards! — Papa Ferragus avait donc raison!... Nous ne pouvons donc pas venir à bout de réformer ces bonnes petites habitudes!...

GASTON, versant de l'eau dans le verre qui est sur le chiffonnier.

Ah! réformer!... Réformer quoi? Mon cerveau intelligent pour le mal, stupide pour le bien; mes nerfs qui me chantent toute la journée l'infernale symphonie des vices; mon sang qui bouillonne à toute pensée mauvaise et se glace à tout élan généreux! Ne plus penser ce que je pense, ne plus être ce que je suis! (Éclatant de rire et se versant de l'eau dans le verre.) Imbéciles!... avec leur liberté humaine!... Je suis peut-être libre aussi de ne pas avoir soif!... (Il boit.)

ROLAND.

Prends garde! c'est de l'eau!

GASTON.

Si je pouvais m'y faire!... (Il boit.) C'est atroce!

ROLAND.

Je me le suis laissé dire!

GASTON, assis près de la table.

Tu crois peut-être que je suis gris?...

ROLAND.

O Dieu! jamais!

GASTON, assis.

Je ne suis pas gris! Je suis fou! voilà tout! je deviens fou, ou idiot, si tu veux!.. (Riant.) J'ai des remords!

ROLAND.

Des remords!... En quoi?

GASTON.

En quoi? — En larmes!

ROLAND.

Quand tu as bien déjeuné, hein?

ACTE DEUXIÈME.

GASTON.

Je ne suis peut-être pas un grand misérable d'avoir trompé cette femme en lui promettant de devenir un autre homme?

ROLAND.

Misère! — Si j'avais tenu cette promesse-là toutes les fois que je l'ai faite! — Nous en sommes encore aux scrupules?

GASTON.

J'en suis à la honte et au dégoût! — Je ne voulais pas jouer cette nuit, et j'ai joué ; je ne voulais pas boire, et j'ai bu!... lâcheté, va!... il est des moments où je voudrais pouvoir jeter ma vie aux cendres comme... (Il fait le mouvement pour jeter l'eau du verre et s'arrête.)

ROLAND, debout.

Sans casser le verre!

GASTON, debout et remontant.

Va au diable, toi! tes railleries et l'Enfer dont tu es!... (Redescendant à lui, vivement.) Je t'étranglerais, pour m'avoir aidé à devenir ce que je suis! (Il va s'accouder sur la cheminée.)

ROLAND.

Oh! là là! Où allons-nous? je t'ai fait ce que tu voulais être, petit ingrat! *Un dévorant!* Il te prend aujourd'hui fantaisie de tâter de la vertu! Est-ce que je t'en empêche, moi? Je t'en défie, voilà tout. Mais si cela peut te faire plaisir, je veux bien en essayer avec toi ; pour changer! — Voyons! veux-tu essayer de la vertu avec papa Ferragus, cher petit? — A nous deux, j'ai idée que ce sera drôle!

GASTON, accoudé sur la cheminée, relevant la tête.

Tu m'en défies!... Comme si je ne l'avais pas connu ce bonheur sans égal d'être content de soi-même! — Une vie si belle, si calme, si douce, si délicieuse : c'était le paradis, Roland! — Plus de fièvre que celle de mon amour! Quels souvenirs!... Et

* Roland, Gaston.

pourquoi suis-je revenu dans cette ville maudite... où je retombe aussitôt dans ma boue, comme une brute que je suis?

ROLAND.

C'est que tu regrettes ta boue, comme les carpes de madame de Maintenon !

GASTON, descendant et venant s'asseoir sur le canapé.

Non !... Je ne regrettais rien ! non !... Dieu m'est témoin que j'étais heureux et fier de ma vie nouvelle !... Il y a huit jours... Tiens ! au moment même où je revenais à Paris pour hâter notre mariage... la fatalité m'a fait rencontrer deux camarades de folies !... Ils m'ont raillé !... comme toi !... et prenant mon bras, malgré moi, ils m'entraînaient !.... je résistais !. . puis je me suis dit : « Bah ! quand ce ne serait qu'une fois, pour retrouver les sensations du passé et les comparer à la saveur du présent ; je regarderai seulement... » Et je regardais en effet... Il y avait, à table, ce soir-là, trois créatures assez jolies, mais stupides ! Et je me disais : Voilà pourtant ce que l'on aime... Qu'ont-elles donc pour elles, ces misérables femmes ? Ma raison me répondait: *Rien* ! Ma folie me répondait : Si !... *leurs vices !* et je regardais toujours, hésitant entre ces deux voix, l'une qui me crirait à droite : « Va-t'en !... » l'autre qui murmurait à gauche : « Bah ! quand tu resterais à présent !... » Et cependant, on me faisait boire, et mes affreux instincts, et mes *Diables noirs* écartés depuis trois mois revenaient, revenaient, revenaient en foule, dans la mousse du vin, dans le bourdonnement des paroles et des rires, dans l'éblouissement des bijoux et des lumières, dans le parfum des fleurs, dans le parfum des femmes !. . Et cette âme d'autrefois que je croyais morte, anéantie, reprenait peu-à-peu possession de tout mon être ! — Elle enflammait mes yeux pour échanger avec ces femmes des regards provoquants ; elle flottait sur mes lèvres pour répondre à leurs sourires, et je me disais : (Il se lève.) Le Diable a raison !... Depuis que c'est défendu, c'est trois fois meilleur !

ROLAND.

Charmant enfant !

GASTON.

Mais ce qui est effroyable, Roland, c'est que j'étais moins ému de ma trahison que charmé du contraste nouveau que la folie d'une heure venait de jeter dans ma vie!... Je quittais ces salons pleins de bruyants éclats, (avec tendresse) et je retrouvais ici une chambre paisible et calme, doucement éclairée par la lueur du matin et par le dernier éclat d'une lampe prête à s'éteindre. — Jeanne s'était endormie dans un fauteuil. J'entrai sans bruit, je me mis à genoux et je la regardai!... Et toute la légion de lutins qui me possédaient depuis le coucher du soleil s'évadait à la hâte, l'un après l'autre... comme chassés par le souffle de ses lèvres et tremblants à la pensée que ses yeux pouvaient s'ouvrir! — Elle les ouvrit enfin, et me dit doucement : D'où venez-vous?... Qu'est-il donc arrivé?... Et cela était si confiant, si bon, si tendre, que je sentis deux larmes me monter aux yeux... J'allais tout avouer peut-être... Mais le dernier lutin en se sauvant eût le temps de me souffler à l'oreille un mensonge qu'elle eut la bonté de croire! — Et ce qui est honteux, effroyable, Roland, c'est que jamais je ne l'ai plus aimée que ce jour-là! — Oui, je l'aimais avec l'étourdissante ivresse d'un misérable qui sort de l'ombre et de la nuit et qui se retrouve, ébloui, devant la splendeur du jour!

ROLAND.

Scélérat, va! c'est un raffinement de l'amour qu'il a trouvé là! — Car enfin, tu l'aimes, ta châtelaine?

GASTON.

Si je l'aime!... si!... imbécile! si je l'aime! (Il remonte.)

ROLAND*.

Tu l'as dit, cher enfant!... je suis une bête!... je suis une bête!... Il faut bien que tu l'adores, autrement tu n'aurais aucun plaisir à la tromper!... quel disciple j'ai là!... Quel homme!... Embrasse-moi, va! Tu es un grand homme, et je suis fier de toi!

* Gaston, Roland.

GASTON.

Même après ce que j'ai fait tout à l'heure, n'est-ce pas? Je rentre plein d'adoration pour elle et que je trouve dans ce salon, une jolie femme, la première venue, cette fille ou la cousine blonde!... Sarah!...

ROLAND, sautant, à part.

Eh! ma femme!

GASTON.

Et je lui jurerai que je l'aime, sans y croire; mais par habitude, par malice, et parce que c'est la dernière personne que je devrais chercher à séduire!...

ROLAND, effaré.

Misère!... mais je le crois bien que c'est la dernière; mais il le ferait!... mais il le fera comme il le dit!... Et avec cela la vigne qui ne paraît pas tenir prodigieusement à l'ormeau!

GASTON.

Quoi?... qu'est-ce que tu as?...

ROLAND.

Mais j'ai... j'ai... j'ai... j'ai énormément d'affection pour toi, cher enfant, et ce que tu viens de me dire m'a ému, et me touche, me touche de bien près... Et l'ami Ferragus, ce bon Ferragus, qui a toujours été si affectueux pour toi, tu ne voudrais pas lui faire de la peine, cher petit! Non, non, nous ne voulons pas faire de peine à papa Ferragus!

GASTON.

Quelle peine! quoi?

ROLAND.

Une autre femme, bien! la petite femme de chambre, bon!... toutes les autres!... bien!... Mais pas celle-là, hein! pas Sarah!... une autre, qu'est-ce que ça te fait, n'est-ce pas? pas Sarah!... pas Sarah!....

GASTON.

Tu t'intéresses donc bien? (Il va à la table.)

ROLAND.

Parbleu! c'est ma... (Bas.) Non, ah! bien, non! — Si je lui dis ça, ce sera une raison de plus!

GASTON.

Enfin, tu l'aimes, hein? (Il remonte.)

ROLAND.

Jamais! juste ciel! fi donc! une blonde!

GASTON.

Eh bien, nuance adorable et rare...

ROLAND.

Une couleur idiote... j'ai une liste, (il fait le geste de la dérouler) et je ne compte pas deux blondes.

GASTON, réfléchissant.

Tiens! moi non plus!...

ROLAND, à part.

Bon, allez donc! je m'enfonce, moi!

GASTON, avec malice.

Et celle-là a je ne sais quel reflet!...

ROLAND.

Ah! le vilain reflet! Ah! l'affreux reflet; le blond du nord! quelque chose d'horrible. — Ah! si c'était le blond vénitien! le blond des Titien! des Véronèse! le blond ardent, le blond chaud, le blond roux!... passe encore; mais le blond anglo-saxon, norwégien, pâle, maladif, flasque et mou! Fi! pouah! Et puis la blonde, cher enfant, une eau qui dort... pas d'élan! la brune bondit, elle tord les barreaux de sa cage, elle vous arrache les yeux, elle vous mord, elle vous mange! La blonde vous sourit, vous appelle mon cœur, et vous empoisonne avec une boîte d'allumettes... La ruine de Troyes, Hélène, une blonde! — Cléopâtre, une blonde! — Vénus, une blonde... Calypso, une blonde! — Eve, le premier et le plus grand désastre de l'humanité, Eve! une blonde! toutes, toutes des blondes!...

GASTON.

C'est vrai ! tiens ! tiens !... (Il regarde à la porte.)

ROLAND, à part, passant à gauche.

Je m'enfonce ! je lui fais venir l'eau à la bouche !

GASTON.

Hein ?

ROLAND.

Ecoute : je t'aime bien ! là, sérieusement ; mais si tu aimes celle-là !... je... (Il se frotte les oreilles, en le regardant d'un air menaçant.)

GASTON.

Puisque tu ne l'aimes pas, voyons ! à quel titre ?

ROLAND.

A quel titre ? malheureux ! à quel... Eh bien, et la morale !

GASTON.

Hein !

ROLAND, avec émotion et chaleur.

Et la morale ! (A part.) J'y viens ! (Haut.) Et la vertu qui te tend les bras ! — Quoi ! malheureux, dans la maison de cette femme ! Mais, misérable, tu n'as donc plus de sens moral !... Mais il n'y a donc plus rien là !... et ce sentiment intérieur qui est notre guide, notre lumière, ne te crie donc pas... que deux amours dans la même maison, porte à porte, c'est le moyen que tout se découvre dans les vingt-quatre heures ? Mais ce que je te dis là, mais c'est pourtant la morale la plus élevée, la plus pure !... Ta conscience a dû te le dire avant moi ! Elle l'a dit ! je le sens, je le vois, tu es ému !... une larme brille dans tes yeux !... Bien, mon petit Gaston ; bien, mon fils ! tu renonces à la blonde ! tu es grand, tu es beau : je te vénère !

GASTON.

La voilà ! (Il va à Sarah qui entre.)

SCÈNE IX

Les Mêmes, SARAH. *

ROLAND, à part.

Le diable l'emporte !

GASTON, courant à Sarah.

Ah ! chère madame ! (Il lui baise la main.)

SARAH.

Tiens ! c'est vous, bonsoir !

ROLAND, bas **.

Il lui baise la main ! (Haut, passant la tête entre eux pour les séparer.) Le temps, l'heure...

SARAH.

Oui ! oui ! nous avons le temps ! (A Gaston.) Vous allez bien ?

GASTON.

Mille grâces !... (Il la conduit au canapé.)

SARAH.

Oui, vous avez l'air singulier ce matin, tout ému, tout !...

ROLAND, bas ***.

Elle l'admire, maintenant ! (Même jeu.) Il a bien déjeuné, voilà tout !... Si vous voulez, en nous dépêchant.

SARAH, lui donnant son manchon.

Tout à l'heure ! (A part.) Décidément, nous sommes jaloux ! (A Gaston.) Vous disiez donc ? (Elle s'assied sur le canapé.)

GASTON, derrière le canapé près d'elle.

Je disais que vous sortez toujours au moment où j'arrive !

---

* Gaston, Sarah, Roland.
** Gaston, Roland, Sarah.
*** Roland, Gaston, Sarah.

SARAH.

C'est vous qui arrivez au moment où je sors.

ROLAND *, ironiquement, les mains dans le manchon.

C'est charmant! c'est délicieux! Ils marivaudent! je suis perdu!

GASTON.

Quelle adorable main! je ne sais que vous pour avoir une main pareille.

SARAH, coquetant, en regardant Roland.

Oh! j'en sais de plus belles! (Elle parle bas avec Gaston.)

ROLAND, passant à gauche.

Mais ils vont, mais ils vont; et je fais une figure ici, moi! je vais chercher l'autre! — Je vais leur lancer l'autre! Ah! la voilà! ô Providence!

SCÈNE X

LES MÊMES, JEANNE.

Jeanne, en entrant, jette un coup d'œil étonné à Sarah et à Gaston; celui-ci se lève vivement.

JEANNE.

Vous ici, monsieur de Champlieu!

GASTON, saluant cérémonieusement.

Oui, madame!

JEANNE, apercevant Roland.

Et notre hôte de Dieppe?

ROLAND, vivement.

Qui voulait vous remercier de votre gracieuse hospitalité, madame, et s'excuser de la hâte avec laquelle...

---

* Gaston, Sarah, Roland.

JEANNE.

En vous sauvant, monsieur, vous avez laissé la porte ouverte!... Je vous prie de ne pas l'oublier.

ROLAND.

Vous êtes la grâce et la bonté mêmes, madame!

JEANNE, regardant Gaston et Sarah.

Et tu es ici depuis longtemps, cousine?

SARAH.

Deux minutes à peine ; j'allais ressortir...

ROLAND, vivement.

Avec moi, oui... madame a bien voulu m'accorder la faveur de l'accompagner! (A Sarah.) Madame, je suis à vos ordres. (A part.) Misère! je ne la quitte plus!

SARAH, à Gaston, saluant.

Monsieur...

GASTON, s'inclinant.

Madame.

ROLAND, venant vivement entre eux.

A revoir... cher ami.

SARAH, sortant.

Allons, monsieur!

ROLAND, à part, et marchant vivement.

Voilà! voilà, madame! J'ai idée que je vais commencer une jolie existence, moi.

SARAH, dehors.

Mais allons donc, monsieur!

ROLAND.

Oui, madame! (Il se précipite dehors.)

SCÈNE XI

GASTON, JEANNE*.

GASTON, *descendant vivement, à Jeanne.*

Enfin ! nous sommes seuls !

JEANNE, *l'arrêtant du regard.*

Et moi, j'ai pu croire que vous me laisseriez seule, toujours!

GASTON.

Jeanne !

JEANNE.

D'où venez-vous? Ce matin, inquiète et malade, je suis sortie, et au risque d'être suivie, reconnue!... moi, qui mourrais de honte si quelqu'un au monde connaissait la vérité, je suis allée chez vous !

GASTON.

Chez moi ?

JEANNE.

Vous étiez rentré à six heures du matin, mais pour ressortir aussitôt et remonter dans une voiture où plusieurs personnes vous attendaient. Et de là, où vous étiez allé, on l'ignorait; mais si l'on avait pu voir, comme je les vois, la fièvre de vos mains, la fatigue de vos traits, et ce je ne sais quoi de suspect et de...

GASTON, *doucement.*

Que vous êtes injuste, Jeanne! votre première pensée est toujours pour m'accuser !

JEANNE.

D'où venez-vous ! enfin, d'où venez-vous ?

*Gaston, Jeanne.

GASTON, feinte gaieté.

Eh bien, je sors d'un déjeuner !... d'un déjeuner d'amis !

JEANNE.

Ah! c'est juste! un déjeuner d'amis !... et une promenade au bois, n'est-ce pas ?... et toute une nuit pour vous y préparer et tout un jour pour vous en remettre !...

GASTON, tendrement.

Ah! si vous croyez d'avance ?...

JEANNE.

Eh bien, non! là ! je ne crois rien ! D'où venez-vous ?...

GASTON, lui prenant les mains et l'entraînant vers le canapé. Il s'assied près d'elle sur le pouf*.

Mon Dieu! quelle impatience ! — C'est pourtant bien simple ! En vous quittant hier, je suis allé dîner avec un ami, d'Hauterive, vous savez bien... je vous ai parlé de lui quelquefois !

JEANNE.

Oui, après ?

GASTON.

Après dîner, d'Hauterive me proposa un peu de musique... Vous m'aviez dit : « Je ne serai pas rentrée avant onze heures... » j'étais libre !... j'accepte, et nous allons aux Italiens !

JEANNE.

C'est donc pour cela que je ne vous y ai pas vu ; car j'y étais !

GASTON, un peu saisi, se remettant tout de suite.

Attendez donc... Jeanne ! Nous allons aux Italiens, dis-je ; mais au moment d'entrer... Ah ! mon Dieu ! sous le péristyle, tenez... je me rappelle tout à coup que j'ai donné rendez-vous à quelqu'un chez moi, à huit heures... un homme d'affaires que vous ne connaissez pas ; un nommé Vernon... Vous ai-je parlé de ce rendez-vous ?...

* Jeanne, Gaston.

JEANNE.

Non! vous ne m'en avez pas parlé!

GASTON.

Je prends une voiture, je cours chez moi; il était huit heures et demie!...

JEANNE, l'interrompant.

Vous avez mis une demi-heure pour aller en voiture des Italiens à la rue Laffite?

GASTON.

Je n'ai pas trouvé tout de suite une voiture; il pleuvait à verse et devant les Italiens...

JEANNE.

Il en arrive à toute minute... oui!

GASTON.

Des équipages!

JEANNE.

Enfin, vous n'avez pas trouvé tout de suite une voiture; passons!...

GASTON.

Vernon était donc venu et parti!... je cours chez lui! Personne!... neuf heures!... j'étais fort contrarié... où le trouver?... On me dit: Il est en soirée, au faubourg Saint-Germain, tout en haut, tout en haut de la rue d'Enfer!... Je pars, j'arrive; dix heures!...

JEANNE, l'interrompant.

Déjà?... déjà dix heures?...

GASTON.

Ah! oui! pensez donc: le temps d'aller, de venir, de...

JEANNE, l'interrompant.

Et vous voilà donc à dix heures, tout en haut du faubourg Saint-Germain!... je me doute bien que l'insaisissable Vernon n'est pas encore là!...

ACTE DEUXIÈME.

[GASTON*.

Eh! justement! il était reparti, pour retourner chez moi! concevez-vous cela! Me voilà donc revenant au plus vite, et trouvant Vernon au coin de mon feu!... Dix heures et demie! nous causons un peu! onze heures moins un quart; et à onze heures seulement, je sors de chez moi pour venir ici!...

JEANNE.

C'est pour venir chez moi que vous vous êtes habillé comme quelqu'un qui va en soirée?...

GASTON.

On vous a dit?

JEANNE.

Oui, on m'a dit?...

GASTON.

Un enfantillage, en effet! pour me débarrasser de Vernon qui avait l'air de s'installer chez moi toute la nuit. (Riant.) J'ai imaginé cette petite comédie de la cravate blanche, en lui disant que j'allais au bal!

JEANNE.

C'est fort ingénieux, en effet! — Et c'est à la faveur de cette ruse que vous n'êtes pas venu?

GASTON.

Eh! mon Dieu! parce que j'ai rencontré ce pauvre Laverdan.

JEANNE.

Ah! c'est ce pauvre Laverdan, maintenant!...

GASTON.

Que vous êtes mauvaise, Jeanne! un ami d'enfance qui a perdu sa mère il y a huit jours!... Pauvre garçon, une tristesse, un désespoir!

---

* Entre crochets [ ] supprimé à la représentation.

JEANNE.

Et à pied, comme vous, par la pluie !... Pauvre garçon !...

GASTON.

Non ! à onze heures et demie il ne pleuvait plus !

JEANNE.

Oh ! nous pouvons bien mettre minuit ; il est bien minuit ! le temps de dire bonsoir à Vernon, bonjour à Laverdan et de revenir chez vous, chercher vos gants que vous aviez oubliés !...]

GASTON.

Si vous raillez tout ce que je dis, Jeanne, il est bien inutile de m'interroger davantage ; je ne dirai plus rien !

JEANNE.

Au contraire, comment donc ! je tiens à tout savoir ! [Nous disons donc que nous consolons ce pauvre Laverdan à minuit, dans la rue, sous un bec de gaz !...] Allez donc !...

GASTON.

A quoi bon ?... vous êtes irritée, nerveuse, impatiente !...

JEANNE.

Oh ! Vous conviendrez bien, n'est-ce pas ?... qu'il faudrait le tempérament d'un ange pour vous suivre jusqu'au bout dans cette énumération de vos faits et gestes !... [J'aime mieux vous dispenser des amis malheureux, des voleurs et de toute autre rencontre que vous ne serez pas embarrassé de faire par les rues, et vous accorder tout de suite qu'avec la meilleure volonté du monde, parti la veille pour venir chez moi, vous arrivez à cinq heures du soir, le lendemain parce que vous vous êtes trompé de chemin !]

GASTON.

Il en sera ce qu'il vous plaira, Jeanne ! — Aussi bien, j'aime mieux ne pas vous dire la fin !

ACTE DEUXIÈME.

JEANNE.

Parce que...?

GASTON.

Parce que...!

JEANNE.

Mais encore...?

GASTON.

Mon Dieu ! ne le demandez pas ; grondez-moi, fâchez-vous, dites-moi tout ce qu'il vous plaira ; je ne répondrai rien, et je n'en continuerai pas moins à adorer la main qui me frappe.

JEANNE, retirant sa main.

Cela est bien commode en effet pour qui n'a rien à dire.

GASTON, tendrement.

Je vous aime !

JEANNE.

Se renfermer dans un système de défense qui vous donne un petit air de victime !

GASTON, plus tendrement.

Je vous aime !

JEANNE.

Vous vous dites : Elle se lassera ; tout passera en paroles, et il viendra un moment où je n'aurai plus qu'à lui dire...

GASTON.

Je t'aime !

JEANNE, le levant et le repoussant.

Mais, pour Dieu ! défendez-vous donc ! parlez donc ! — Dites-moi tout ce qui vous passera par la tête !... Je vous aime mieux mentant effrontément que faussement résigné comme vous l'êtes !

GASTON.

Que voulez-vous que je vous dise ?

JEANNE.

D'où vous venez! Je le veux! — Je l'exige! M'entendez-vous, enfin! je le veux!

GASTON, se levant.

Eh bien, je viens de Ville-d'Avray! (Il passe à gauche *.)

JEANNE.

Pourquoi Ville-d'Avray?

GASTON.

Mais, mon Dieu! qu'est-ce que cela vous fait? je viens de Ville-d'Avray, voilà tout!...

JEANNE.

Mais, mon Dieu! on ne va pas à Ville-d'Avray, à six heures du matin!

GASTON, allant et venant.

Vous voyez bien que si!

JEANNE.

Gaston!... vous abusez de ma patience!... Répondez-moi des choses que...

GASTON, s'arrêtant brusquement devant elle.

Vous a-t-on dit chez moi de quel côté je m'étais dirigé?

JEANNE.

Non!

GASTON.

Non! — Et en quelle compagnie j'étais?

JEANNE.

Oui... deux hommes dans la voiture!

GASTON.

Deux hommes? — Eh bien? — Et vous n'avez pas compris! vous ne vous êtes pas demandé quel motif, à six heures du matin!... quelle raison?...

* Gaston, Jeanne.

ACTE DEUXIÈME.

JEANNE, hors d'elle-même.

Mais je le demande encore, mais quelle raison?... quoi donc enfin?...

GASTON.

Mais un du...!

JEANNE, poussant un cri d'effroi.

Ah!... tu t'es battu!... (Elle se jette à son cou.)

GASTON.

Non, pas moi, je...

JEANNE.

Oh! tu mens!... Tu t'es battu!... tu es blessé?...

GASTON.

Mais non! je te jure!

JEANNE, regardant ses mains, ses bras, et s'assurant qu'il n'est pas blessé.

Ah! rien! rien! — Ah! quel bonheur! (Elle l'entoure de ses bras.) Ah! quel bonheur!... (Elle fond en larmes.)

GASTON.

Jeanne! ma bien-aimée Jeanne!...

JEANNE.

Et je t'attendais! Et je t'accusais!—Et je comptais les heures, et j'inventais!... j'imaginais!.. Ah! que n'ai-je pas inventé?... La jalousie! la rage! Ah!... vous ne savez pas, vous autres hommes, ce que c'est que la jalousie!... Je te voyais ailleurs, chez une autre... à ses genoux, lui répétant de ces paroles brûlantes, que je suis déjà trop jalouse de ne pas être la première à recueillir sur tes lèvres... Et tu te battais... (Avec jalousie.) Je vous voyais!... je vous entendais... je vous aurais!... (Tendrement et pleurant.) Et, tu te battais... et, tu risquais ta vie!... (S'arrêtant, avec jalousie.) Pour qui te battais-tu?

GASTON.

Pour qui?

7

JEANNE, vivement.

Réponds!... Regarde-moi, ne cherche pas; je te défends de chercher un mensonge!

GASTON.

Pour une dette de jeu!

JEANNE.

Ah! c'est vrai; car tu l'as bien dit! — Pardonne-moi je t'aime, et je te demande pardon...

GASTON.

Jeanne!

JEANNE.

Pardonne-moi!... Je suis une malheureuse; j'ai douté de toi! Tu ne m'en veux pas, n'est-ce pas? c'est de l'amour encore!... Pardonne-moi!... (Elle va pour s'agenouiller.)

GASTON, cherchant à la relever.

Jeanne!... relevez-vous... je ne veux pas!...

JEANNE.

Non!...

GASTON.

Jeanne!...

JEANNE.

Non!...

GASTON, avec force.

Ah! relève-toi donc!... Et pardonne-moi toi-même!... car c'est à moi de tomber à tes pieds.

JEANNE.

Toi?

GASTON.

Oui, moi qui te mens depuis une heure!... Moi qui te trompe!...

ACTE DEUXIÈME.

JEANNE, se relevant d'un bond.

Ah! tu t'es battu pour une femme!...

GASTON, avec chaleur, à demi-voix et d'un trait.

Je ne me suis pas battu !... Je ne viens pas de Ville-d'Avray ! Il n'y a pas eu de duel, et tout cela n'est que mensonge! Et tout ce que je t'ai dit avant... mensonge!... Je suis allé jouer ; voilà tout !... j'ai passé toute ma nuit dans un tripot! J'ai joué, entends-tu, malgré le serment que je t'ai fait, et, en sortant de là, je suis allé avec mes compagnons de jeu, souper et déjeuner, je ne sais où, et je suis arrivé ici tantôt, gris, honteux, ignoble!... Oui, j'ai eu l'audace d'entrer chez toi, de paraître devant toi tout pâle de ma nuit de veille, et j'ai voulu te tromper ; mais c'est une infamie qui me révolte!... Je ne veux plus mentir! A genoux devant moi, toi!... Ah!... méprise-moi, et chasse-moi comme un laquais ! J'aime mieux ta colère qui m'écrase, que ta douceur qui me torture!...

JEANNE, avec mépris et tristesse.

Au jeu! — Toute la nuit!...

GASTON.

Je suis un malheureux fou !...

JEANNE.

Tandis que moi je veille... et que je suis à cette fenêtre... et que je tressaille au moindre pas... et que je me dis avec angoisse : Mais où est-il? Mais que fait-il? Mais que lui est-il arrivé?

GASTON, pleurant.

Eh bien, oui, je suis un malheureux! je te l'ai dit!

JEANNE.

Et vous ne pensiez pas à moi! Et vous ne vous demandiez pas?...

GASTON, de même.

Oh! je me demandais tout! Et je pensais à toi! Pour Dieu! n'achève pas! Quel reproche veux-tu me faire que je ne me sois fait avant toi!

JEANNE.

Adieu! (Elle remonte et se dirige vers sa chambre.)

GASTON, pleurant.

Adieu! vous avez raison! je ne serai jamais qu'un être fatal et maudit! J'ai tué mon père, que j'aimais!... j'ai tué ma mère, que j'adorais!... je te tuerais, toi, que j'adore!... Va-t'en!... Adieu! va-t'en! va-t'en!... je te tuerais!... (Il tombe accablé, en sanglotant. Jeanne va pour sortir, le regarde, redescend à lui doucement et lui relevant la tête, lui dit avec des larmes.)

JEANNE.

Tu te repens donc, bien vrai?

GASTON, tombant à ses genoux, et l'entourant de ses bras.

Ah! Jeanne!... Ah! que je t'aime!...

JEANNE.

Il sont donc revenus, ces Diables noirs, que nous avions chassés; les voilà donc de retour, malgré toi, malgré moi?

GASTON.

Non! non!

JEANNE.

Et pourtant, ai-je mal veillé sur mon bonheur? N'as-tu pas été l'unique pensée de mes jours, de mes nuits, de mes heures!... ne t'ai-je pas bien aimé? Ah! il faut que je ne sache pas t'aimer, autrement, tu ne m'abandonnerais pas, et quand tu es là, dans mes bras, tu ne penserais pas à être ailleurs!...

GASTON, protestant.

Moi?

JEANNE.

Il n'y a donc pas d'autre femme, dis?...

GASTON.

Une autre! ah Dieu! non, je te le jure.

JEANNE.

Et tu m'aimes toujours?

GASTON.

Je ne t'aime pas, non ; je t'adore!

JEANNE.

Eh bien, sois donc fort! Car je me suis juré d'achever mon œuvre, ou de mourir à la peine... Vous êtes ma joie!... je veux que vous deveniez mon honneur et mon orgueil. Je veux pouvoir crier à ce monde qui nous devine et s'apprête à railler notre amour: Oui! oui! raillez-nous!... cet homme que vous avez connu frivole, léger, sans vertus, voilà ce que mon amour l'a fait. Voici mon amant, mon mari, mon maître, mon Dieu!

GASTON, se relevant.

Oui, sur ma vie, oui!

JEANNE.

Dis-moi seulement quelle femme c'était...

GASTON.

Qui?

JEANNE, vivement.

Réponds donc!... Tu me comprends bien!... Je la connais? D'où est-elle? Parle donc! avoue donc!... puisque je suis prête à tout pardonner!

GASTON.

Il n'y a pas de femme, il n'y a que toi! — J'ai joué, voilà tout, et si tu ne me crois pas!...

[JEANNE.

Si, mais jure-moi que tu ne joueras plus!

GASTON.

Sur ma vie!...

JEANNE, l'interrompant.

Non! sur notre amour!

GASTON.

Je ne jouerai plus : je te le jure!

JEANNE.

Et tu ne la verras plus... *Elle*?

GASTON.

Je jure...

JEANNE.

Ah! il y a donc une femme?...

GASTON, vivement.

Je jure qu'il n'y a personne que toi, et que jamais, entends-tu, jamais il n'y en aura d'autres.

JEANNE.

Ah! si je pouvais plonger mes regards dans tes yeux, et lire jusque dans le fond de ton cœur!...

GASTON.

Tu ne me crois pas?...]

JEANNE.

Si, je te crois! il faut bien que je te croie! Mais promets-moi que tu ne me quitteras pas d'aujourd'hui, je le veux!... Toute la soirée, là, à mes côtés! que l'on ne me vole rien de toi. — Promets-le!

GASTON.

Quel serment difficile à tenir, n'est-ce pas?

JEANNE.

Nous dînerons ensemble, là, chez moi! — Je vais donner des ordres et je reviens! — Mais tu ne me quitteras pas de la soirée, tu le jures?

GASTON.

Pas une seconde!

JEANNE, les mains dans ses mains.

Ah!... je te retrouve enfin! mais si tu m'échappes encore! Foi de Jeanne qui t'adore!... je te tue! (Elle rentre chez elle en lui envoyant un baiser.)

SCÈNE XII

GASTON seul, puis TRICK.

GASTON, avec enthousiasme.

O divine et radieuse influence de la femme adorée, tu l'emportes!... et cette fois, pour toujours!... (Trick entre et regarde autour de lui.) Qu'est-ce?

TRICK, à demi-voix.

Un homme qui veut parler à toi, que je connais pas, et qui a un *mauvais* figure!

GASTON.

Un homme qui vient me chercher dans cette maison!... Et tu ne l'as pas jeté à la porte?

TRICK.

Non!—veux-tu *je jette ?*

GASTON.

Eh! pardieu... non!... Sachons d'abord ce qu'il veut, après tout!...

TRICK.

C'est pour un *pillet!*

GASTON.

Un billet!

TRICK.

Oui, un *pillet d'archent!...* il a *sa papier* à la main!

GASTON.

Il se trompe, l'animal! — J'ai fait cinq cents billets dans ma vie... mais celui-là, du diable...

TRICK.

Je le fais entrer? — Madame est chez elle!

* Trick, Gaston.

GASTON.

Mais...

TRICK.

Bon! bon! je le reconduirai, moi! (A Ducroc dans la coulisse.) Allons! vous, *viens*, et montrez *la papier !*

SCÈNE XIII

Les Mêmes, DUCROC*.

GASTON.

Vous avez un billet à moi, vous?

DUCROC, brutal, sec.

Oui! j'ai un billet à vous, moi!

GASTON, baissant la voix.

Plus bas donc!

DUCROC, de même, toute la scène dans ce ton, montrant le billet.

Plus bas, vous-même!

GASTON, lui fait signe d'avancer.

Quelque vieille dette!... A qui ça?

DUCROC.

A M. Tusman!

GASTON, à demi-voix toute la scène.

Tusman? Ah! oui... Encore un fripon celui-là!... j'ai joué avant-hier avec lui, sur parole; j'étais gris, et j'ai perdu... je ne sais plus combien; mais je lui ai fait un billet!... Ah! Dieu! en finirai-je avec la boue? (Il passe près de la table, et ramasse l'or.) Donnez!

DUCROC.

Vous avez l'argent?

---

* Ducroc, Trick, au fond; Gaston.

ACTE DEUXIÈME.

GASTON.

Apparemment !

DUCROC.

Voilà le billet. — Passez les dix mille francs !

GASTON, stupéfait.

Dix mille francs !... dix mille !... J'ai perdu dix mille francs, moi, contre ce ?...

DUCROC.

Dame ! le voilà écrit de votre main !

GASTON.

Oh ! bandits !... le jour où j'ai mis le pied dans votre caverne !... c'est bien ! je paierai !

DUCROC.

Quand ?

GASTON.

Demain ?

DUCROC, haut.

Demain !

GASTON.

Plus bas donc ! (Il remonte, et va inquiet à Trick, qui surveille la porte de Jeanne).

DUCROC, baissant la voix *.

Merci ! Est-ce que je sais seulement où vous serez demain !... je vous guette depuis huit heures du matin, et puisque je vous trouve chez vous. (Il s'assied à droite, en posant son chapeau sur la table.)

GASTON, descendant.

Chez moi ! — Je ne suis pas ici chez moi, d'abord ; et je voudrais bien savoir de quel front vous venez m'y relancer ?

DUCROC.

Oh ! là là ! ne nous fâchons pas ! — Je ne vous connais qu'une

---
* Ducroc, Gaston, Trick.

adresse, moi! — Celle que vous avez écrite vous-même sur le billet!

GASTON.

Mon adresse!... ici?... mon adresse?...

DUCROC, lisant.

Gaston de Champlieu, avenue Marbœuf, n°...

GASTON, lui arrachant le billet.

Tu mens!... Il n'y a pas cela!

DUCROC, se levant, inquiet.

Eh! là! (Il ne le quitte pas des yeux.)

GASTON, lisant avec épouvante et horreur pour lui-même*.

Avenue... oui! de ma main! — J'ai fait cela, moi!... J'ai dit tout haut à ces fripons. . cette rue, cette maison, cette porte... c'est la demeure de... (s'arrêtant) et par conséquent, la mienne!... Et voici la main infâme qui a mis à profit l'absence de ma raison, pour écrire un pareil billet à un voleur, dans un tripot, et pour le signer de mon nom! (Il fait le mouvement de froisser le billet.)

DUCROC, vivement.

Eh!... ne déchirez pas!...

GASTON.

Tu mériterais de passer par la fenêtre pour ce mot-là! Le voilà, ton billet, mais va-t'en! (Il jette le billet à terre. Ducroc hausse les épaules, ramasse tranquillement le billet, prend son chapeau et regarde Gaston, qui s'est assis sur le canapé, la tête entre ses mains.)

DUCROC.

Vous ne payez pas?

GASTON.

Aujourd'hui, non!... demain!... va-t'en!

DUCROC, après un temps.

Bah! vous criez! mais vous payerez tout à l'heure!

* Ducroc, Trick, Gaston.

ACTE DEUXIÈME.

GASTON.

Je te dis que je n'ai rien, rien, rien, que le sang de mes veines !... Sortiras-tu d'ici, enfin ?

DUCROC, d'un ton insinuant.

Eh bien !... si vous n'avez pas d'argent, demandez-en, parbleu !...

GASTON, surpris.

Que j'en demande ?...

DUCROC.

Oui !

GASTON.

A qui ?

DUCROC, jetant un coup d'œil sur la porte de Jeanne.

Eh bien... à...

GASTON, poussant un cri terrible, et allant pour le saisir à la gorge.

Misérable !...

DUCROC.

Eh ! là !

TRICK, les séparant.

Le tue pas !... ça me *regarte !*

DUCROC, arrogant, élevant la voix.

Ah ! mais, vous m'ennuyez, vous, à la fin ! (D'un air décidé.) Allons, allons, je verrai la dame !...

GASTON, venant de la porte de Jeanne où il a écouté *.

Qu'est-ce qu'il dit ?

TRICK, le retenant.

Qu'il verra *matame !*

GASTON, de même à Ducroc.

Et tu lui montreras ce billet ?

* Ducroc, Trick, Gaston.

DUCROC.

Parbleu !...

GASTON.

Et elle croira que j'ai voulu... que de sang-froid j'ai !... Fais donc cela, tiens, ce sera curieux !

DUCROC, avec mépris.

Oh! les menaces! (Fausse sortie *.)

GASTON, l'arrêtant.

Eh bien, non, je ne menace pas, je te supplie! — Demain, attends à demain !

DUCROC.

Trop tard ! (Même jeu.)

GASTON.

Attends donc, bourreau!... Rends-moi le billet ! Tiens ! déchirons-le, et je t'en fais un autre du double !... Vingt mille francs !... donne !... (Trick a apporté sur la table papier, encre, etc**.)

DUCROC.

Et il n'y aurait plus l'adresse ! Non ! non ! (Gaston descend à gauche. Ducroc va pour sortir, Trick va à lui et le supplie en lui montrant Gaston. Se radoucissant.) Voyons, si vous tenez à le ravoir, votre billet, donnez-moi une garantie, un gage, n'importe quoi, qui vaille un peu plus de dix mille francs, et je vous le rends !

GASTON, se fouillant ***.

Oui! oui! un gage! une garantie, c'est cela! Qu'est-ce que tu veux ? — quoi ? quel objet ?

DUCROC.

Oh! ne vous fouillez pas, allez ! vous n'avez rien ! (Avec intention.) Mais les femmes ont toujours quelque bijou !

---

* Ducroc, Gaston, Trick.
** Trick, Ducroc, Gaston.
*** Trick, Gaston, Ducroc.

GASTON.

Encore elle!... Oh! Trick, renvoie-le, chasse-le! tiens! j'ai envie de le tuer !

TRICK, à Ducroc.

Allez!... va-t'en !

DUCROC, remontant.

Bon! bon!... (Sur le seuil.) J'attends en face une heure, pas plus... si d'ici-là, vous m'apportez, ou l'argent, ou n'importe quoi qui le remplace, donnant, donnant ; sinon, je présente le billet à la dame, et si elle ne paye pas! protêt!... Bonsoir! (Il sort.)

GASTON.

Trick! ne le quitte pas !

TRICK.

S'il *pouge!*... je lui fais avaler *son* cravate ! (Il sort.)

SCÈNE XIV

GASTON, seul, assis près de la table ; il regarde sa montre.

Une heure!... Dix mille francs dans une heure! — En battant le pavé de Paris je ne les trouverais pas dans un jour!... Une heure!... c'est stupide!... Qu'est-ce qu'il veut qu'on fasse d'une heure?... Chercher un ami!... quel ami?... Une amitié de dix mille francs; où est-elle celle-là? .. Roland... peut-être!... Où le prendre? — Je l'attendrais chez lui!... Oui, mais ce misérable n'attendra pas, lui... il enverra le billet à Jeanne, tandis que je ne serai pas là .. et ce soir, elle lira son déshonneur et ma honte écrits, signés de ma main?... Et devant cette infamie qui semble spéculer sur son amour... quelle femme? quel ange pourrait pardonner? .. Si je ne déchire pas ce billet, je suis perdu, c'est clair!... (Il se lève avec rage.) Mais il me le faut, ce misérable chiffon de papier ! Il me le faut! Je le veux! je veux le brûler! l'anéantir!... Et quand on pense pourtant qu'il ne faudrait qu'une garantie... un bijou, comme il dit!... Un bijou de dix mille francs... (Avec espoir.) Chez moi... (Il va prendre son chapeau placé sur le petit meuble où sont les bijoux.) Rien!... peut-être!... Non! rien du tout!... (Arrêtant son regard sur ce meuble.) Et il y en a là à remuer à deux mains!... rien que ce malheureux petit bouton que j'ai ramassé dans la mer.... (Redescendant, égaré.) Voyons!... qu'est-ce que je veux?... dix mille francs!...non!... un bijou!... une heure! je ne sais plus! j'ai la tête perdue!... (Il s'appuie contre le canapé, silence; ses regards se reportent comme malgré lui sur le secrétaire en le regardant avec convoitise et horreur en même temps *.) Et cela dort!... Cela ne sert à rien... Je l'aurais, ce diamant, je l'aurais pour cette nuit seulement!... Elle ne s'en apercevrait même pas, ou bien elle le croirait égaré; et moi, je jouerais cette nuit, je gagnerais! — Je me sens en veine! — Et j'en ai pour trois heures au moins!... j'en suis sûr, je gagnerais!... Cela se sent!... Et demain matin, je dégagerais le diamant, je le rapporterais, je ferais semblant de le trouver sur le tapis, comme je l'ai retrouvé dans la vague!... Et je serais sauvé, et elle ne saurait rien, et je l'aurais brûlé au moins cet infernal papier qui est là, suspendu sur ma tête... (En parlant, il a glissé peu à peu vers le meuble et n'en est plus qu'à trois pas; il aperçoit la clef à la serrure; reculant jusqu'au fond de la scène.) Ah! la clef... la clef!... voilà tout l'enfer qui revient et qui me souffle!... je l'entends!... ouvre!... prends... oui!... (Il va pour ouvrir, et s'arrête avec épouvante.) Ah! non! non! jamais!... jamais!... Mon Dieu! c'est elle!

SCÈNE XV

GASTON, JEANNE.

JEANNE, sortant de chez elle et restant sur le seuil.

Eh bien!... mais je vous attends... que faites-vous donc là?

GASTON, cherchant à dominer son émotion.

Mais rien... je...

* Musique.

ACTE DEUXIÈME.

JEANNE, descendant.

Qu'avez-vous donc?

GASTON, s'efforçant de sourire.

Moi!... rien du tout?

JEANNE.

Vous avez l'air tout bouleversé.

GASTON, à lui-même.

Ah! je vais le menacer, le supplier... Il faut qu'il attende jusqu'à demain! (Il va prendre son chapeau.)

JEANNE.

Eh bien!... où allez-vous? vous sortez?

GASTON.

Oui, un instant! (Il se dirige vers la porte et cherche à s'esquiver.)

JEANNE, l'arrêtant.

Comment! — Mais restez donc! nous allons dîner.

GASTON, même jeu.

Deux mots à dire, et je reviens tout de suite!

JEANNE, l'arrêtant encore.

Non! non! non! (Elle lui prend son chapeau qu'elle place sur une chaise au fond.) Vous avez juré de ne me pas quitter de la soirée!... je ne vous permets pas une minute d'absence... si vous avez quelque chose à dire, écrivez!...

GASTON, balbutiant.

Écrire, ce n'est... (Il cherche à se dégager.)

JEANNE, le retenant et le regardant.

Qu'as-tu? tu souffres! — Tu as la fièvre?

GASTON.

Oui, oui! un peu!

JEANNE.

Vous avez passé la nuit à jouer, vous n'avez pas dormi, vous

¹ Gaston, Jeanne.

vous tuez!... Venez ici, venez... venez! (Elle l'entraîne sur le canapé, Gaston éperdu se laisse asseoir, elle reste debout.)

GASTON, à part*.

Et le temps passe! (Il regarde l'heure à la pendule.)

JEANNE.

Que regardes-tu ?

GASTON, baisant sa main.

Ta main!.. ta main que j'adore!

JEANNE, lui souriant.

Et vous n'y remarquez rien de nouveau à cette main ?

GASTON.

Quoi donc?

JEANNE.

Ingrat !... Ce bouton de diamant!

GASTON, à part.

Le diamant!

JEANNE.

Eh! oui le diamant, que j'ai mis aujourd'hui, pour vous rappeler certain jour et certaine folie.

GASTON, altéré.

Ah! c'est vrai! oui! le voilà! (Il le regarde, à part.) Et dire qu'avec un seul, je serais sauvé.

JEANNE.

Oui, le voilà, regardez-le bien! (Elle s'assied près de lui et détache un bouton.) C'est la chaîne de diamants qui nous lie! (Elle se penche vers lui.) Tenez! (Elle le lui présente en faisant chatoyer le bouton.)

GASTON, repoussant la main et d'une voix étranglée.

Oui... oui... écartez vos mains, cela brûle!

JEANNE, inquiète.

Mon Dieu! qu'avez-vous?... (Elle se lève et oublie le diamant qui

---

* Jeanne, Gaston.

ACTE DEUXIÈME.

tombe sur sa robe.) Voulez-vous que j'appelle? (Dans son brusque mouvement pour aller sonner, le bouton glisse de la robe sur le tapis.)

GASTON, à part, vivement.

Il est tombé! (Jeanne se retourne brusquement, Gaston relève la tête vivement, et leurs regards se croisent.)

JEANNE, très-doucement et tendrement, revenant à lui.

Ah! décidément, il y a quelque chose, et je me fâche, moi!... Qu'y a-t-il, quoi? on vous attend, je veux tout savoir!

GASTON, balbutiant.

Eh bien, un ami! un ami qui m'a fait prier de descendre... Le temps de lui serrer la main, et avec cela un peu d'impatience, de contrariété, parce que tu refuses...

JEANNE.

Je refuse, certainement, je refuse! (Lui montrant la table.) Écrivez, tenez! (Elle va à la table préparer le papier.)

GASTON, à part, seul en face du diamant qui est à ses pieds, reculant avec effroi.

Ah! Satan!... Il est là! il me regarde! il m'appelle!

JEANNE, à la table.

Si je ne vous connaissais pas; mais vous descendrez, et vous ne remonterez plus. (Elle revient à lui.)

GASTON, vivement, fiévreux.

Oh! Dieu! je ne reviendrai pas, moi; je ne te reviendrai pas avec ivresse?

JEANNE.

Si vous n'écrivez pas, faites monter ce monsieur.

GASTON.

Ici, pour qu'il sache?...

JEANNE.

Oh! pour rien au monde?

GASTON, vivement, prenant ses mains.

Ah! tu le vois bien!—Tu ne veux pas toi-même que personne

puisse soupçonner... et si tu savais... (Égaré.) Ce billet... Ah! je t'en prie, laisse-moi donc descendre, et l'arracher à tout prix.

JEANNE.

Mais quoi donc?

GASTON, il a glissé peu à peu sur le canapé de façon à mettre le diamant à portée de sa main.

Rien! je descends, deux mots, je remonte. (Prenant le diamant, à part, avec épouvante.) C'est fait !

JEANNE.

Tu dis?...

GASTON, se relevant, égaré, fou, et avec une tendresse extrême lui baisant les mains en se sauvant et l'entraînant vers la porte.)

Ah! tu l'as permis... c'est pour toi, pour toi seule, entends-tu? Tu es ma beauté, ma joie, mon ciel!... Je reviens! je reviens!... Et je t'aime. (Il se sauve.)

JEANNE, seule, stupéfaite, silence.

Mais, mon Dieu!... Ce trouble! cette fièvre! — Je lui tendais ma main... il la repoussait, et au moment même où je lui montrais!... (Elle regarde sa main et ne voit plus le bouton; elle regarde à terre, à la place où elle est, puis descend en regardant toujours, fait le tour à l'avant-scène, cherche près du canapé, puis tout à coup pousse un cri d'horreur.) Ah! non! non! c'est impossible! (Elle repousse le canapé par un mouvement violent en regardant à terre.)

ACTE TROISIÈME

Même décor. — Les rideaux de la fenêtre sont tirés. — Le canapé au milieu du théâtre.

SCÈNE PREMIÈRE

SYLVIE, ROLAND, caché.

SYLVIE, sortant de la chambre de Jeanne avec un flambeau.

Ah! mon Dieu!... en voilà un désordre! (Allant prendre le guéridon qu'elle place au milieu du théâtre devant le canapé, et la chaise qu'elle met près du guéridon.) Quel dîner! — c'était gai : madame seule devant ce couvert mis, et ce monsieur qui ne revient pas... Il fait froid ici... il y a un courant d'air! (Elle va pour fermer la fenêtre et pousse un cri en apercevant Roland assis à la fenêtre.) Ah! un homme!... (Elle fuit jusqu'à la cheminée.)

ROLAND.

Ne crie pas! c'est moi!

SYLVIE.

Qui, vous? (Elle prend la bougie et avance vers Roland.) Eh! c'est l'esprit de là-bas!

ROLAND, regardant toujours par la fenêtre.

L'esprit! T'y voilà!... je suis l'esprit incarné!...

SYLVIE, posant la bougie sur la table.

Mais c'est donc une rage de vous faufiler comme ça dans les maisons!... Qu'est-ce que vous faites ici?

ROLAND, descendant *.

Ce que je fais!... je grelotte! Allume! allume !

SYLVIE.

Mais enfin !

ROLAND.

Allume donc! (Soufflant sur ses doigts, tandis qu'elle remonte à la cheminée.) Non, aux plus beaux moments de ma vie *dévorante*, je n'ai jamais eu si froid pour aucune femme; et il faut que ce ce soit pour la mienne !

SYLVIE.

La vôtre !

ROLAND.

Oui! bah! Autant te mettre dans la confidence; tu m'aideras!... Oui, ma femme!

SYLVIE.

Qui?

ROLAND.

Sarah !

SYLVIE, se lève.

Madame Canillac!

ROLAND, lui prenant le soufflet des mains et la faisant passer devant lui, puis s'asseyant sur le petit tabouret devant la cheminée.

C'est moi, Canillac! Tu vois ici Canillac.

SYLVIE.

Si c'est possible !

ROLAND.

Ce n'est pas possible! c'est pourquoi cela m'arrive! Et ce qui est bien plus impossible encore, c'est que je suis amoureux de ma femme, de ma propre femme!... entends tu!... Misère! amoureux de ma femme! Où vais-je ?

* Roland, Sylvie.

ACTE TROISIÈME.

SYLVIE.

Ah! le fait est que c'est...

ROLAND, soufflant le feu d'abord et finissant par souffler devant lui sur le tapis.

Ah! ne cherche pas! c'est stupide! — Mais elle est délicieuse, Sylvie! [Quel charme dans toute sa personne! quelle langueur exquise! quelle morbidesse! quels yeux bleus que ses yeux bleus! quels cheveux blonds que ses cheveux blonds! quelle fossette au menton que sa fossette au menton! (Il souffle avec langueur sur le tapis.) Et faite!... Oh! je pense bien qu'elle est admirablement faite!

SYLVIE.

Eh bien?

ROLAND, soufflant avec rage.

Eh bien! Voilà ce qui me rend fou, Sylvie!... (Il jette le soufflet et se lève.) Tantôt, je lui ai offert mon bras, elle l'a accepté, comme celui d'un cavalier aimable, mais du reste indifférent! Elle est allée aux *Villes de France*; je suis entré aux *Villes de France*, moi qui jamais n'ai voulu suivre femme dans un magasin. Elle y est restée, Sylvie, ce que restent les roses à choisir leurs pétales, l'espace d'une soirée; et j'ai été certainement aimable, attentif, patient, et d'un goût parfait dans mes appréciations. De là, nous sommes allés chez un bijoutier, puis chez une modiste!... Et je patientais! et je patientais!... Et à chaque frôlement de son bras ou de sa robe, à toute parole tombée de ses lèvres, je me sentais envahir par je ne sais quelle influence douce, pénétrante qui tenait à la fois du frisson et du sommeil!... Enfin, c'est de l'amour! Elle m'a fasciné, elle m'a jeté un sort! j'ai oublié de faire ça!... (Il fait les cornes.) Je suis perdu!

SYLVIE.

Et c'est par amour pour elle que vous êtes là derrière un rideau?...

ROLAND, d'un air piteux.

Oui, je l'ai ramenée à l'hôtel, et comme il fallait sortir, je n'ai pas eu le courage de m'éloigner, et je me suis blotti sous ces rideaux avec l'intention formelle de passer ici la nuit!

SYLVIE.

Pour?...

ROLAND.

On n'en sait rien!—Mais au point où j'en suis, je ne reculerais pas devant un crime!...

SYLVIE.

Monsieur veut rire... Ma maîtresse va venir ; et elle ne peut pas trouver monsieur installé chez elle!

ROLAND.

Ce n'est pas chez elle, Sylvie, que je veux m'installer!...

SYLVIE.

Enfin! il faut que vous sortiez!

ROLAND.

Bah! je ne peux plus sortir sans être vu!... autant rester! (Il s'assied sur le canapé.)

SYLVIE.

Comment! vous ne pouvez plus sortir ?

ROLAND.

Non! je connais l'appartement, va! Je l'ai étudié, l'appartement. Ici, (il montre la première porte à droite) la chambre de ta maîtresse ; aucune porte, nulle issue, qu'une fenêtre comme celle-ci, et trente pieds de haut... Ce n'est pas moi qui sauterai! Ainsi...

SYLVIE.

Eh bien!... et de ce côté?

ROLAND, debout derrière le canapé.

Oui, oui, la porte d'entrée. (Mystérieusement.) Et l'homme qui éternue!

SYLVIE.

L'homme qui éternue!...

ROLAND, se lève.

Voilà deux heures que je suis là, de faction, et il y a deux heures que j'entends là, dans le vestibule, un être inconnu (je ne peux pas supposer que ce soit une bête), qui éternue et se mouche de cinq minutes en cinq minutes, avec une régularité automatique!... Dans le silence de la nuit, c'est sinistre!

SYLVIE.

Il éternue? (On entend un éternument, Sylvie pousse un cri et se sauve à droite.)

ROLAND.

Voici l'éternument!

SYLVIE.

Et il se mouche? (On entend quelqu'un qui se mouche.)

ROLAND.

Et voici le mouchoir!

SYLVIE, vivement.

Il faut cogner! (Elle prend les pincettes.) Moi d'abord, je cogne!

ROLAND.

Chut! le voici!

SYLVIE.

Je me sauve! (Elle sort.)

ROLAND.

Et moi, je me cache! (Il se fourre sous le rideau.)

SCÈNE II

ROLAND, RENNEQUIN *.

RENNEQUIN, poussant la porte et ne montrant que le bout de son nez.

Voilà deux heures que je le guette! — Je crois que je le tiens!

* Roland, Rennequin.

si je pouvais donc m'assurer que c'est le Gaston!—En ne faisant pas de bruit!.. Sapristi!... il me prend une envie d'éternuer!

ROLAND.

Je n'entends rien! (Rennequin après avoir lutté contre l'éternument, finit par éclater.) Ah! si, j'entends!

RENNEQUIN.

Dieu me bénisse! — Toujours ma chance: où me cacher? (Désignant la porte de Jeanne.) Non... (désignant la fenêtre) là. (Il se cache derrière le rideau.) Tiens, il y a quelqu'un. (Tous deux se trouvent en présence et disent ensemble sur un ton différent.)

RENNEQUIN et ROLAND.

Comment, c'est vous!

RENNEQUIN, désappointé.

Ce n'est pas le Gaston!... c'est celui-là!...

ROLAND.

Misère! c'est donc vous qui sonnez comme ça les quarts et les demies?

RENNEQUIN, descendant en scène*.

Exprès!—C'était une finesse pour vous empêcher de sortir! (Gaiement.) Oh! c'était amusant!... (Piteusement.) Et puis je me suis enrhumé aussi!...

ROLAND.

Oui, oui, le fait est que le nez...

RENNEQUIN, vexé.

Oh! c'est bien drôle! c'est bien drôle! — ce n'est rien du tout, un rhume, à mon âge! — Il y a de quoi rire, n'est-ce pas?

ROLAND.

Enfin, pourquoi diantre êtes-vous campé là depuis deux heures?

RENNEQUIN.

Pourquoi? — Vous êtes bien curieux! Je ne vous demande pas pourquoi vous êtes ici, vous?... D'abord, je le sais!

* Rennequin, Roland.

ACTE TROISIÈME.

ROLAND.

Bah!

RENNEQUIN, à part, s'asseyant près de la table à gauche.

Il est taquin! — Nous nous taquinons! voilà tout... (Haut). Je vous vois assez rôder depuis hier autour d'elle!

ROLAND, à lui-même.

Autour d'elle! — Ça se remarque déjà, tenez! (Il s'assied sur le canapé.)

RENNEQUIN, enchanté, à part.

Il est vexé! Oh! c'est amusant! (Haut.) Un homme qui entre la nuit chez une dame, en se cachant! Si vous croyez que je ne sais pas ce que c'est, moi aussi, que toutes ces belles finesses d'amants. Ah! je connais ça, allez! — J'en ai déjoué quelques-unes!... Pas toutes, malheureusement, mais enfin quelques-unes.

ROLAND, étouffant un éclat de rire.

Vous avez donc été marié?

RENNEQUIN.

Eh bien?...

ROLAND.

Alors je ne vous demande pas si vous... (Il rit.)

RENNEQUIN, se retournant vers lui.

Oh!... oh!... comme c'est délicat!... Eh bien, quand ce serait! Ce n'est pas si drôle ce qui m'est arrivé!... Il n'y a pas de quoi rire! — Et aujourd'hui encore, avec un cœur sensible comme le mien!... (Il s'émeut.)

ROLAND.

Oh! je vous demande pardon! — Si j'avais su!

RENNEQUIN.

On ne fait pas de ces plaisanteries-là, monsieur! D'abord, je n'accepte pas vos plaisanteries, moi; je vous défends de plaisanter avec moi!

ROLAND.

Ah!

RENNEQUIN.

Je ne vais pas vous chercher, moi; pourquoi venez-vous me chercher?

ROLAND.

Étonnante nature!

RENNEQUIN

Si vous étiez un peu marié seulement!... on pourrait encore vous répondre!

ROLAND.

Je le suis fichtre bien, marié, et beaucoup!

RENNEQUIN, sautant.

Marié!

ROLAND.

Pardieu!

RENNEQUIN.

Avec elle?

ROLAND.

Oui, avec elle!

RENNEQUIN.

A Cythère?

ROLAND.

A la mairie du neuvième arrondissement!

RENNEQUIN, se levant d'enthousiasme.

Ciel! Dieu! Et on n'en sait rien!

ROLAND, debout.

Pardieu! je l'ai assez caché! mais maintenant va te promener! je fais scandale, je veux ma femme! j'aurai ma femme! je veux ma femme!...

RENNEQUIN, enthousiasmé.

Mais tu l'auras, excellent homme! tu l'auras, ta femme! on

te la campera sous le bras, ta femme!... Et la fortune, l'héritage, tout l'argent!... à nous!... Ah! Dieu! embrasse-moi, mon neveu!

ROLAND.

Hein!

RENNEQUIN.

Je dis : Embrasse-moi, mon neveu!

ROLAND.

D'où ça sort-il, ça?

RENNEQUIN.

De la bouche d'un oncle!... Je suis l'oncle de Jeanne, et puisque tu as épousé Jeanne, cher enfant!

ROLAND.

Eh! qui te parle de Jeanne, homme étrange; je parle de Sarah! ma femme, qui est ici!

RENNEQUIN, suffoqué.

Patatras! Toujours ma chance! tenez!... il ne pouvait pas épouser l'autre!

ROLAND.

Est-ce compris?

RENNEQUIN, rageur.

Vous ne pouviez pas me dire tout de suite qu'il s'agissait de Sarah; c'est donc drôle de laisser un pauvre homme s'abandonner ainsi à une douce émotion, pour lui dire après : Non ! v'lan !

ROLAND, le contemplant.

Prodigieux, cet homme! prodigieux!

RENNEQUIN.

Je vous conseille de recommencer à plaisanter encore?...

ROLAND.

Monsieur Rennequin, pas un mot de plus; je serais forcé de le considérer comme une offense.

RENNEQUIN.

Monsieur... je l'... Saperlotte! vous comprenez bien mal la plaisanterie, vous?

ROLAND.

Sublime!... Décidément, je n'y tiens plus; je meurs de faim! je vais dîner.. et je reviens tout de suite après! Bonsoir! (Il remonte.)

RENNEQUIN.

Bonsoir... Roland! (à lui-même.) Je n'ai pas besoin de me gêner avec lui... Roland... tout bonnement!...

ROLAND, au fond.

Bonsoir... Rennequin.

RENNEQUIN.

Ah mais, ça, c'est autre chose... vous pourriez bien dire M. Rennequin.

ROLAND.

Vous pourriez bien dire M. Roland. (Il le regarde et sort par le fond après avoir poussé la porte vivement.)

RENNEQUIN, seul.

Sapristi! *Roland furieux* alors!... Tiens! c'est drôle ce que je dis là!... (Courant après Roland.) Dites donc, un mot drôle que je viens de dire!... Ah! oui, il se sauve, il n'écoute pas; ça le vexe! c'est égal!... j'ai le dernier... Et dire que je ne pourrai pas acquérir la certitude!...

SCÈNE III

JEANNE, RENNEQUIN *.

Jeanne sort de chez elle sans le voir et cherchant à terre, elle descend et n'est préoccupée pendant toute la scène que de cette recherche.

RENNEQUIN, à part, après l'avoir regardée.

Qu'est-ce qu'elle a?—Qu'est-ce qu'elle cherche?... (Il tousse.)

* Rennequin, Jeanne.

ACTE TROISIÈME.

JEANNE, l'apercevant.

Quelqu'un! — Ah! c'est vous!

RENNEQUIN.

Oui, chère enfant, oui! Tu as perdu quelque chose?

JEANNE, continuant.

Oui, oui, je crois que j'ai perdu!...

RENNEQUIN.

Si tu veux que je t'aide!... (A part.) Ma foi! nous voilà seuls!... si j'essayais encore une ruse!...

JEANNE.

Rien!...

RENNEQUIN, prenant la bougie pour s'éclairer.

Ah! c'est désagréable de perdre comme cela... de l'argent? un bijou *?

JEANNE, cherchant.

Oui!

RENNEQUIN.

Mais après tout qu'est-ce que c'est que ça; ce qui est terrible, (avec intention et émotion) c'est de perdre sa réputation!

JEANNE.

Plaît-il?

RENNEQUIN.

Je dis, avec des larmes dans les yeux!... voilà!... voilà une chose que tu ne retrouveras jamais!

JEANNE.

Quoi?

RENNEQUIN.

La réputation!...

JEANNE.

Que voulez-vous dire?...

* Jeanne, Rennequin.

8.

RENNEQUIN, avec des larmes.

C'est fini! ma pauvre enfant! on sait tout!

JEANNE.

On sait quoi?

RENNEQUIN, la bougie à la main.

C'est le bruit de la ville!... On ne parle pas d'autre chose; j'ai rencontré vingt personnes qui ont osé me dire: Comment!... votre nièce... et ce petit Gaston...

JEANNE.

On vous a dit cela?... on le dit?

RENNEQUIN.

Tout le monde! — Tout le monde le sait!

JEANNE.

Ah!... Eh bien, on le sait, voilà tout!... (Elle continue à chercher.)

RENNEQUIN, posant le flambeau sur la cheminée.

C'est donc vrai!... Fatal amour! Heureusement qu'un bon mariage... (A part.) Je vais pousser au mariage, alors?... Je dis du bien! (Il remonte derrière le canapé *.)

JEANNE, cherchant toujours.

Je me suis assise là pourtant!... Et puis, j'étais là!... Ah! dans le pli du canapé! (Elle cherche.)

RENNEQUIN.

Heureusement, dis-je, qu'un bon mariage... un mariage immédiat... Ah! il faut que ça se fasse tout de suite d'abord! Tu ne trouves pas?

JEANNE, sans l'écouter.

Non... j'y renonce... Ah! douleurs, remords, tourments, il n'y manquait plus que la honte!... Eh bien, la voilà! (Elle tombe sur le canapé.)

* Rennequin, Jeanne.

ACTE TROISIÈME.

RENNEQUIN.

Ah! c'est bien complet!—Et sans le mariage... Mais tu as bien raison., c'est le meilleur parti. D'abord, l'honneur de la famille, chère enfant! (Il s'émeut.) Une famille si belle, si estimable!... Et puis, le nom du défunt; tu ne voudrais pas que ce cher défunt... (A part.) C'est bien assez des vivants, mon Dieu!... (Haut.) Au bout du compte, c'est un aimable garçon : un peu fou, un peu léger... mais spirituel, charmant!.. et un cœur... comme le mien, tiens, je ne peux pas mieux comparer!... Il a fait des folies! Qu'est-ce que ça nous fait... tant mieux, au contraire, bon! parfait!—Jeune sage, vieux fou!—Ai-je assez couru, moi!... Ah! pristi! Eh bien, maintenant, je ne cours plus du tout!...

JEANNE, à elle-même.

Et il ne rentrera pas?

RENNEQUIN.

Quel mari cela va faire!... (Emu, derrière elle, la reprenant à droite et à gauche, à chaque mouvement qu'elle fait.) Ah! chère enfant! quel excellent... quel excellent mari!...

JEANNE, le regardant.

Mais qu'est-ce que vous me dites? — Et à qui en avez-vous donc depuis une heure?

RENNEQUIN.

A toi! qui dois à ta réputation, à cause du monde!...

JEANNE.

Ah! votre monde! lâcheté, vilenie, laideur, sottise et mensonge partout! J'en suis lasse et je voudrais savoir sur la terre un lieu désert où le fuir, où me fuir moi-même, et m'enterrer vivante!...

RENNEQUIN.

Un couvent!... (A part.) Tiens! mais c'est une idée!... (Haut.) C'est une bien bonne idée, même!.. un couvent; mais voilà ton affaire, chère petite! (Jeanne, assise dans le canapé sans bouger, regarde fixement devant elle sans l'entendre. Rennequin s'assied près d'elle *.) Tu laisses tout à tes bons parents!... Ça revient au même!... On se dit : quelle femme! quelle âme! Elle n'a voulu garder qu'une pension de trois mille francs... (A part.) Ah! non! c'est trop! (Haut.) Trois mille francs, qu'elle a réduits elle-même à quinze cents francs! — Quelle âme!

JEANNE, sans l'écouter, se levant.

Et il ne viendra pas!...

RENNEQUIN.

Et il ne viendra pas au couvent, parbleu! — Il ne viendra plus!.. Tu en seras débarrassée!... Car, du moment que tu ne veux plus l'épouser, on peut bien le dire, c'est un affreux garnement!—Quel monstre!(A part.) Je dis du mal à présent!.. (Haut.) Il ne t'aime pas! Il n'aime que ton argent!...

JEANNE, frappée.

Peut-être!...

RENNEQUIN.

Peut-être?... Sûrement!... (A part.) Je dis du mal... toujours! Oh! j'aime bien mieux ça; ça me met à mon aise.

JEANNE, prêtant l'oreille.

On vient! c'est lui!... (Apercevant Sylvie qui entre.) Non!...

SCÈNE IV

LES MÊMES, SYLVIE.

SYLVIE.

Madame!... il y a là un homme qui veut vous parler à toute force!

JEANNE.

Un homme!... Quel homme?

* Jeanne, Rennequin.

ACTE TROISIÈME.

SYLVIE.

Je ne le connais pas; c'est quelque chose qu'il ne peut dire qu'à madame...

JEANNE.

Quelque chose à me dire !... Ah ! il y a un malheur dans l'air !... Fais entrer !... Je vous demande pardon, mon oncle...

SYLVIE, au fond.

Entrez, monsieur... (Ducroc entre.)

RENNEQUIN.

Bonne nuit, chère enfant! (A part.) Encore une ruse qui n'a pas réussi !... Et de cinq !... Toujours ma chance... (Il va pour saluer Ducroc en sortant, le regarde, se ravise, lui tourne le dos et sort.)

SCÈNE V

JEANNE, DUCROC.

JEANNE, à Sylvie.

Laisse-nous ! (Sylvie sort.)

DUCROC, regardant autour de lui [*].

Vous êtes bien seule, madame ?

JEANNE.

Je suis seule, parlez... qui êtes-vous ?... que voulez-vous ?

DUCROC, lentement, toute la scène.

Madame, je m'appelle Ducroc !

JEANNE.

Je ne connais pas ce nom!

DUCROC, surpris.

Ah ! c'est qu'on n'a pas jugé à propos de vous le dire, mais enfin! vous savez bien le reste !... C'est moi qui suis venu tantôt !

---

[*] Ducroc, Jeanne.

JEANNE.

Tantôt?

DUCROC.

Oui, présenter le billet!...

JEANNE.

Un billet? chez moi? quel billet?...

DUCROC, à part, descendant.

Ah! nous jouons aussi la comédie, nous! (Haut.) Mon Dieu, je vous demande pardon de vous parler de ça; mais les affaires, n'est-ce pas? c'est brutal, madame!

JEANNE.

Mais parlez, monsieur!... Dites!... expliquez-vous enfin!

DUCROC.

M. de Champlieu ne vous a donc pas dit?...

JEANNE, saisie.

C'est lui?...

DUCROC.

Mais oui!

JEANNE, à part.

Quand je disais qu'il y avait un malheur!...

DUCROC, posant son chapeau sur la table.

Enfin, nous nous comprenons maintenant!—C'est si simple! Il n'avait pas d'argent; pauvre garçon!... cela se conçoit; on n'a pas dix mille francs dans la poche de son gilet!—Et comme je suis un bon homme après tout, c'est moi qui lui ai donné le conseil de recourir à vous...

JEANNE.

Continuez donc, monsieur!...

DUCROC.

Et il n'a pas perdu de temps, allez, car une demi-heure après, je lui rendais le billet en échange de... (Il cherche dans sa poche.)

ACTE TROISIÈME.

JEANNE, anxieuse.

En échange ?...

DUCROC, ouvrant la petite boîte où se trouve le bouton, et le regardant.

De...

JEANNE.

Le diamant !...

DUCROC, étonné, relevant la tête.

Oui, madame !...

JEANNE, se contenant.

Ah !.. oui.

DUCROC, tout en regardant le diamant et le faisant miroiter devant ses yeux.

Oui... seulement, il y a un petit malheur ; c'est que je me suis laissé... Enfin, prenons que je me suis trompé moi-même, mais j'ai fait estimer ce bijou tout à l'heure par un camarade, et il se trouve que, comme un nigaud, j'ai rendu dix mille francs pour six mille, car ça ne vaut pas plus... Vous comprenez que cela ne fait pas mon affaire... et si M. de Champlieu ne dégage pas l'objet, alors je suis donc...

JEANNE.

Quoi ?

DUCROC, arrêté par le regard de Jeanne.

Je suis !... je suis bien embarrassé !... (Ironiquement.) M. de Champlieu est un très-honnête garçon, mais il est quelquefois un peu... (Regard de Jeanne.) négligent !

JEANNE.

Vous vous trompez, monsieur. (Elle va au petit meuble et prend une liasse de billets de banque.) Et la preuve, c'est qu'il m'a remis tout à l'heure vos dix mille francs que voilà ! (Elle jette les billets sur la table.)

* Jeanne, Ducroc.

DUCROC, mettant son chapeau à terre, prenant la liasse et comptant
du pouce, vivement.

Vrai !... sapr !... (A part.) Eh bien, j'ai de la chance !

JEANNE.

Donnez-moi ce bijou ?

DUCROC, le posant sur la table.

Le voilà, madame !

JEANNE.

Allez, monsieur !

DUCROC, saluant.

Madame !—Ah ! bien ! (A part.) J'en ai de la chance ! (Il sort.)

JEANNE, seule.

Ah ! (Elle saisit le bouton de diamant et s'assure que c'est bien lui.)
Volée... Il m'a volée !... (Elle tombe en sanglotant sur le divan.)
Ah ! mon Dieu ! mon Dieu !...

SCÈNE VI

JEANNE, TRICK *.

JEANNE, se redressant, et cachant le diamant qu'elle saisit.

Quoi ? — Qu'est-ce que c'est ? que voulez-vous ?...

TRICK.

Matame !

JEANNE, cachant son visage.

Plus tard !... je veux être seule ! j'appellerai !... Laissez-
moi !... (Elle entre chez elle.)

TRICK.

Elle pleure !...

* Trick, Jeanne.

SCÈNE VII

TRICK, GASTON, puis SYLVIE.

GASTON, entrebâillant la porte du fond, livide, tremblant.
Trick !

TRICK.

Ah ! te voilà, toi !... On t'attend pour dîner, tu viens après !

GASTON, déposant son chapeau sur un fauteuil près de la porte.
Ah ! je pense bien à dîner ! Où est-elle ?

TRICK.

Dans *son* chambre !

GASTON.

Et elle ne sait rien ! Elle ne s'est pas aperçue ?...

TRICK.

Quoi ?

GASTON, essuyant son front.

Rien !... je ne sais ce que je dis... (Il pose son chapeau.) Elle est seule ?

TRICK.

Toute seule, et bien triste ; elle t'attend !

GASTON.

Elle m'attend ? — Et ma lettre ?...

TRICK.

Ta lettre ?...

GASTON.

Eh bien, oui, ce petit mot que j'ai griffonné là-bas... pour lui dire de ne pas m'attendre... que j'étais forcé !... Enfin, je ne l'ai pas rêvé, voyons !... j'ai écrit et j'ai envoyé !... Elle l'a reçu !...

* Gaston, Trick.

9

TRICK.

Rien!

GASTON.

Ah! je crois bien qu'elle m'accuse! (Il fait le mouvement d'entrer chez Jeanne.)

TRICK, l'arrêtant.

Ne va pas!...

GASTON, effrayé.

Quoi?... elle sait donc? elle a vu?...

TRICK.

C'est toi qui peux pas la voir!... Tu es fait comme un voleur!

GASTON, reculant.

Un voleur! (Tombant sur une chaise.) Un voleur!...

TRICK.

Qu'est-ce que tu *tiras?* — « D'où tu viens, » — elle *temantera?* Et toi tu *tiras* : « Je viens de jouer! » Tu *tiras* cela que tu as joué encore *tute* la soirée?... et que tu as perdu!... car je vois bien que tu as perdu!...

GASTON.

Oui, perdu! Tout ce que j'avais gagné d'abord; huit mille francs! Trick, huit mille que j'ai vus... (il se lève et frappe sur le guéridon) là, là devant moi!.. Je la tenais presque, cette misérable somme pour reprendre à ce Ducroc!.. Mais la veine était usée, la chance a tourné, et j'ai perdu, perdu, tout perdu! (Il tombe assis sur le canapé et pleure. Trick que l'émotion a gagné se trouve derrière le canapé et lui tend la main que Gaston saisit en le forçant à tourner aussi son visage vers lui.) Et tu es bien sûr qu'elle ne sait rien?

TRICK.

Quoi? — le *pillet?*

ACTE TROISIÈME.

GASTON, levé.

Oh! le billet, il est loin, celui-là!... Il me l'a rendu... pour autre chose... je t'expliquerai cela!.. et quand je l'ai tenu dans cette main, à moi, bien à moi!... je n'ai fait que cela!... (Il tire de sa poche un papier qu'il déchire fiévreusement.) Tiens! Tiens! Au feu! (Il jette les débris sur le tapis, quelques morceaux restent sur la table.) Et je revenais à la vie, et je me suis mis à pleurer, comme un enfant, en le regardant brûler!...

TRICK, avec joie.

Il est *prûlé?*

GASTON, gaiement, se jetant dans ses bras.

En cendres, mon bon Trick, en fumée!

TRICK, pleurant de joie.

Ah! c'est *pien* fait! — Ah! je suis *gontent!*... Eh bien, il faut la voir! (Rajustant la cravate de Gaston et à Sylvie qui sort de chez Jeanne sur la pointe du pied.) Sylvie, dis à madame qu'il est là *!

GASTON.

Oui! dis que je suis là!... je veux la voir!

SYLVIE.

J'y vais!...

GASTON **.

Oui... non! attends!... je... (A lui-même.) Ah!... je n'ose pas!...

SYLVIE, faisant un pas vers la porte.

Faut-il fermer?

GASTON, il est à l'extrême gauche, à l'avant-scène, Trick plus haut au milieu, Sylvie à droite entre le canapé et la cheminée.

Non! laisse ouvert... que je la voie!... (Avec amour.) C'est

---

* Trick, Gaston, Sylvie.
** Gaston, Trick, Silvie.

elle!... La voilà, Trick... Ah! que je l'aime!... qu'est-ce qu'elle regarde ?...

TRICK.

Je sais pas.

GASTON.

Elle regarde quelque chose ? quoi ? qu'est-ce qu'elle tient à la main ?

TRICK, regardant.

Je sais pas... ça prille!...

SYLVIE, de même.

C'est un diamant!

GASTON, épouvanté.

Je suis perdu !

TRICK.

Quoi ?

GASTON à Sylvie.

Baisse la portière!... Cache-moi !

SYLVIE, stupéfaite.

Monsieur !

GASTON.

Mais, baisse donc cette portière, te dis-je!... (il s'élance et rabat la portière) et cache-moi donc ! (Il reste sur place, épouvanté; silence. — Coup de sonnette dans la chambre.)

SYLVIE.

Madame appelle !

TRICK.

Elle vient !

GASTON.

Elle sait tout! je me sauve!—Ne dites pas que je suis venu! ..

TRICK, le retenant.

Tu veux plus ?...

ACTE TROISIÈME.

GASTON, allant reprendre son chapeau, égaré et comme un fou.

La voir!... maintenant!... non! ce soir! plus tard! mais pas maintenant! elle me fait peur! j'ai peur! je me sauve! Ah! j'ai peur!... (Il se dégage de Trick qui le retient et s'élance dehors.)

TRICK.

Il est fou!... il a plus *son* tête!...

SYLVIE.

En voilà des aventures!...

SCÈNE VIII

TRICK, SYLVIE, JEANNE.

JEANNE, sur le seuil de sa chambre.

Qui était là?... on parlait! quelqu'un était là?... mais répondez donc!...

TRICK, embarrassé.

Non!...

SYLVIE, de même.

Personne!...

JEANNE, à elle-même.

Ils mentent!... il est venu!... j'ai senti mon cœur se serrer d'angoisse et de colère... il était là! c'était lui. (Surprenant un regard entre Trick et Sylvie.) Ils mentent!

SCÈNE IX

LES MÊMES, ROLAND.

ROLAND, entrant très-affairé, très-essoufflé et à demi-voix.

Pardon!—Madame Canillac n'est pas là?—Elle n'est pas là?...

* Trick, Roland, Jeanne, Sylvie.

JEANNE, surprise.

Que voulez-vous, monsieur ?

ROLAND, s'essuyant le front.

Ah! mille pardons, madame !.. Elle n'est pas là, misère ! j'en étais sûr... Mais ce qui se passe dans votre maison, madame, est d'un caractère tellement infernal !...

JEANNE.

Ce qui se passe ?...

ROLAND.

Oui, madame !... Et si nous étions seuls...

JEANNE, à Trick et à Sylvie.

Laissez-nous !...

TRICK, en sortant.

Encore un qui n'a pas la tête bien solide ! (Il sort par le fond, Sylvie par la droite.)

SCÈNE X

JEANNE, ROLAND*.

JEANNE.

Que voulez-vous dire, monsieur ?

ROLAND.

Madame, avez-vous vu M. de Champlieu tout à l'heure ?

JEANNE.

M. de Champlieu ?... non !

ROLAND.

Seigneur Dieu ! je vous demande mille pardons, chère madame, car je touche à un secret... Mais enfin, il est des circonstances... des moments !... Et puisque je sais...

* Roland, Jeanne.

ACTE TROISIEME.

JEANNE, avec amertume.

Aussi!

ROLAND.

Et mes principes n'en sont nullement offensés, madame, nullement!... Croyez-le bien! Enfin, vous ne l'avez pas vu? Il ne vous quitte pas à l'instant même?

JEANNE.

Non? — Mais je ne me trompais donc pas, il est venu!

ROLAND.

Misère! s'il est venu! Demandez à ma femme! demandez à madame Canillac s'il est venu?

JEANNE.

Sarah!... vous êtes?...

ROLAND.

Roland Canillac, oui, madame!... un très-mauvais sujet, oui, madame!.. qui va tout expier!... oui, madame! grâce à Gaston!...

JEANNE.

Gaston!...

ROLAND.

Oui, je viens de voir Gaston sauter d'un bond les quatre marches du perron! je l'ai vu!

JEANNE.

Vous l'avez vu?

ROLAND.

De mes yeux! Et s'il n'est pas venu pour vous à pareille heure, pour qui voulez-vous que ce soit, si ce n'est pour ma femme?

JEANNE.

Lui!... y pensez-vous?...

ROLAND.

Je ne pense pas à autre chose depuis qu'il a eu le soin de me déclarer lui-même que madame Canillac lui plaisait énormément!

JEANNE.

Il vous a dit?...

ROLAND.

Oui, madame, oui, il m'a dit...

JEANNE.

Enfin!... l'aime-t il? — Dites-le donc!...

ROLAND.

Ah! madame, puisqu'il adore les blondes!

JEANNE, moment de silence; elle cherche.

Sarah!... oui; peut-être!... Ah! je m'en doutais qu'il y avait une autre que moi! Je le devinais à ses mensonges, à ses absences, jusqu'à ses larmes de remords!... Mais tantôt, tenez!... oui, tantôt... là, à cette place!... la vérité m'a passé devant les yeux comme un éclair!... Quand je les ai surpris tous deux assis sur ce canapé! Et vous le savez bien! vous étiez là, vous!...

ROLAND, piteusement.

Oui! oui, j'étais là, moi!...

JEANNE.

Mais comment l'aurais-je pensé?... Sarah! une amie! une sœur!... Elle ne sait rien, c'est vrai!... Elle est excusable, elle!... Mais lui!... Mais elle, non plus, est-ce qu'elle n'aurait pas dû deviner!... Allons! c'est infâme! Ce n'est pas possible! C'est faux, ce que vous me dites-là! Et vous êtes absurde de m'épouvanter de pareilles chimères, comme si je n'avais pas assez des réalités!

ROLAND, piteusement.

Mettons que ce sont des chimères!

ACTE TROISIÈME.

JEANNE.

Chut!

ROLAND.

Plaît-il?

JEANNE.

Est-ce que l'on ne monte pas... Il viendra peut-être bien pour se défendre!... (Elle va écouter à la porte du fond.)

ROLAND.

Il viendra!... mordieu! il est déjà venu, j'en suis sûr!... (Il prend vivement son chapeau sur le guéridon où il l'a posé, ce qui fait voler deux ou trois fragments du papier déchiré par Gaston; il les regarde machinalement d'abord, puis ses yeux se tournent vers ceux qui sont à terre.)

JEANNE, sur le balcon.

Non! personne!

ROLAND, après un regard donné à tous les papiers qui sont à terre, prenant un fragment sur le guéridon, et le regardant machinalement, après un silence.

C'est son écriture!... *Bonsoir!... bonsoir!...* C'est une lettre, ça!... (Il le rejette.) Une lettre!... qui sait?... (S'arrêtant avec un soupçon.) A-t-on bien le droit de lire une lettre déchirée... quand elle peut s'adresser à votre femme?... Misère! je crois bien! (Reprenant le fragment de papier, lisant.) *Bonsoir!...* Oui, c'est entendu!... j'ai le droit de lire, seulement il faut en venir à bout!

JEANNE, écoutant du côté de la fenêtre.

On a ouvert la porte du jardin. (Elle ouvre la fenêtre et va sur le balcon.)

ROLAND, après avoir ramassé les papiers, les plaçant sur la table.

Voici évidemment le commencement, et c'est bien son écriture, le scélérat!... [*Ne m'attends pas!...* Il tutoie!... Ce ne peut pas être madame Canillac!... (Avec effroi.) Il ne peut pas tutoyer déjà madame Canillac!... *Ne m'attends pas!...* bon, mais la suite!... *Je suis...* C'est ça!... non, ce n'est pas ça! C'est un petit triangle! voici le triangle!... (Ramassant.) Je suis!... (Rapprochant deux morceaux de papier.) *Je suis... mort!...* Il est mort!... Non, ce ne peut pas être ça!... Plût au ciel, corsaire, que tu fusses mort!... *Je suis!...* Ah! non, voici! voici!...] *Je suis appelé subitement près d'un ami qui est à la mort!... mais cette nuit!... cette nuit!...*

JEANNE.

Vous êtes encore là?

ROLAND.

Oui! je... je... *cette nuit!* — (Regardant Jeanne.) Misère! suis-je bête! mais... mais c'est à elle qu'il a écrit cette lettre... et c'est elle qui l'a déchirée!...

JEANNE, revenant à la cheminée.

Quelle heure est-il donc?

ROLAND, rayonnant.

Dix heures!... Il est dix heures!... madame.

JEANNE.

Vous verrez qu'il ne viendra pas encore!...

ROLAND, s'éventant avec son mouchoir.

Mais non, il ne viendra pas, puisqu'il vous a prévenue.

JEANNE.

Il m'a prévenue?

ROLAND.

Puisqu'il vous a écrit!

JEANNE.

A moi!...

ROLAND.

Oui!...

JEANNE

Mais non!

ACTE TROISIÈME.

ROLAND, effaré.

Il ne vous a pas écrit qu'il était appelé subitement par un de ses amis qui est mort?...

JEANNE.

Mais non! quelle folie me contez-vous là?...

ROLAND.

Dieux immortels!... qui est-ce donc qu'il tutoie, en parlant de cette nuit!... (Il se précipite à terre et ramasse les autres papiers.)

JEANNE.

Que faites-vous donc là?

ROLAND.

Je fais un travail de Romain, comme tous les maris, pour m'assurer le plus possible de ce que je ne voudrais pas savoir!...

JEANNE.

Une lettre! (Elle va vivement au guéridon.)

ROLAND.

Bonsoir, chère...

JEANNE.

Son écriture!... une lettre!... à une femme! (Lisant.) [*Ne m'attends pas ce soir!... cette nuit!... Bonsoir, chère!...*

ROLAND, vivement.

N'éparpillez pas!... il ne manque plus que le nom! C'est un petit trapèze! le trapèze! le trapèze!

JEANNE, fiévreusement, cherchant la fin de la lettre sur la table.

Ceci?

ROLAND, de même.

Non!

JEANNE.

Mais ça?

ROLAND.

Ma chère...

JEANNE.

Ame!...

ROLAND.

Ma chère âme! Nous ne savons rien!... *Ma chère âme!...* Mais toutes les femmes sont notre chère âme, en attendant qu'elles ne soient plus rien du tout! Ce n'est plus une lettre, c'est une circulaire!]

JEANNE, relisant.

Mais cette lettre!... Mais ce n'est pas à moi qu'elle est écrite! ce n'est pas moi qui l'ai reçue!... Ce n'est pas moi qui l'ai déchirée! C'est une autre... une autre femme! Et qui donc? qui donc ici?... quelle autre? Et pas de nom! (Elle lui arrache un papier qu'il apporte et lit.) *Sarah!... Sarah!* oui!... *Sarah!...*

ROLAND.

Sarah!... Je suis mort! (Il se laisse tomber sur le canapé.)

JEANNE.

Ah! vous aviez donc raison! C'est donc vrai?... Et la nuit dernière, ce n'était pas au jeu qu'il était, c'était... Et chez moi!... dans ma maison!... Ah! infâmes! je vous écraserai tous les deux!

ROLAND.

Madame!...

JEANNE.

Ah! je veux la voir! je veux savoir!... (La porte du fond s'ouvre.)

ROLAND.

La voilà! Pour l'amour de Dieu! contenez-vous!

SCÈNE XI

Les Mêmes, SARAH, SYLVIE*.

SARAH, en toilette de bal.

Tiens! vous êtes ici, monsieur?... bonsoir! (A part.) Je le

* Jeanne, Sylvie, Sarah, Roland.

ACTE TROISIÈME.

savais bien que c'était lui! (Elle va à la cheminée suivie de Sylvie. (Haut.) Jeanne, rends-moi donc un service. Mets-moi cette épingle dans les cheveux; Sylvie n'y entend rien!

JEANNE, la regardant.

Tu vas au bal?

SARAH.

Oui! (A Sylvie.) Ma pelisse! (A part.) S'il ne me suit pas ce soir, c'est qu'il est aveugle! (Sylvie sort.)

JEANNE.

Je croyais que tu ne sortais pas ce soir!... Tu attendais quelqu'un!

SARAH.

J'ai changé d'avis! (Elle lui donne l'épingle.) Tiens!

JEANNE, prenant l'épingle; avec haine et colère.

Ah! et tu crois?... (Mouvement de Roland.)

SARAH.

Quoi donc? (La regardant.) Qu'est-ce que tu as? — Tu as l'air toute bouleversée! Est-ce que tu es fâchée contre moi?...

JEANNE.

Contre toi... non! (mettant l'épingle dans les cheveux de Sarah) c'est fait!... va! (Bas à Roland.) Emmenez-la!

SARAH, inquiète de son trouble.

Tu ne viens pas avec moi? (Sylvie entre et pose la pelisse sur les épaules de Sarah.)

JEANNE, après avoir secoué la tête en signe de refus, à Roland.

Emmenez-la! (Sarah sort en la regardant avec étonnement.)

ROLAND.

Que je l'emmène! je le crois bien! (Montrant le papier qu'il a gardé à la main.) Et je la confonds avec cette preuve!... Dieu! une femme si délicieuse! Et quand je pense qu'elle était à moi, je n'avais qu'à le dire!... Et être déjà!... Misère! (Il sort.)

SCÈNE XII

JEANNE, SYLVIE, puis TRICK[*].

JEANNE, assise sur le canapé devant le guéridon couvert des fragments de la lettre, à part, résolue.

Ah ! il faut en finir ! (Haut.) Sylvie !

SYLVIE.

Madame !...

JEANNE.

Sarah n'a plus besoin de vous ! — Vous pouvez sortir, ma fille !

SYLVIE.

Ce soir, madame ?

JEANNE.

Oui ! je vous donne votre soirée ! Allez au spectacle, où vous voudrez ! (Trick entre avec un flambeau à la main qu'il pose sur la table.)

SYLVIE, joyeuse.

Oh ! puisque madame le permet ! Quel bonheur ! (Elle sort.)

JEANNE.

Oui, allez !... Trick !...

TRICK[**].

Qu'est-ce que tu veux ? (Il va pour retirer les fragments de la lettre qui sont restés sur la table.)

JEANNE, l'arrêtant.

Laisse ! — Où couches-tu ?

TRICK, étonné.

Là-haut ! tu sais bien !...

JEANNE.

Oui, c'est vrai !

---

[*] Jeanne, Sylvie.
[**] Trick, Jeanne.

ACTE TROISIÈME.

TRICK.

Pourquoi?... tu as peur la nuit?

JEANNE.

Non! quelle idée! — Voici une boîte qu'il faut porter toi-même?

TRICK.

Bon! je porterai! (Il regarde la boîte.) Si loin!...

JEANNE.

Oui!

TRICK.

Temain matin alors?

JEANNE.

Non, ce soir!

TRICK.

Je serai pas revenu avant une heure du matin!

JEANNE.

Qu'importe?

TRICK.

Mais...

JEANNE.

Mon Dieu! que d'affaires! — Allez et taisez-vous!

TRICK, ému.

Tu me *crondes?*

JEANNE, doucement.

Non, mon bon Trick! non! pardonne-moi! — Et va, je t'en prie.

TRICK, résolûment.

Eh bien, non, non, j'irai pas! — Non! je ne te laisserai pas seule *!

* Jeanne, Trick.

JEANNE.

Voyons!...

TRICK, continuant et s'oubliant*.

Et si tu étais seule encore! Mais avec *lui!*...

JEANNE, tressaillant et le regardant en face.

Lui! — Qui *lui?*

TRICK.

Oh! j'ai dit!... Ah! pardonne-moi!... je suis *un* bête!... un gueux!... Oh! j'ai dit!... Oh! tu pouvais pas te taire, imbécile!...

JEANNE, à elle-même, tristement.

Tous!... ils le savent tous!...

TRICK.

Non! je sais rien! je sais rien du tout!... je sais pas ce que je dis! Tu sais!... je suis *un* bête, moi!...

JEANNE.

Non! tu es un brave cœur! (Elle lui tend la main.)

TRICK, lui baisant la main.

Ah!...

JEANNE.

Va où je te dis, mon bon Trick; il ne m'arrivera rien, je te le jure, que je ne le veuille et ne l'accepte, va!

TRICK**.

J'y vais! oui! (Il se dirige lentement vers la porte du fond, Jeanne se retourne vers lui.)

JEANNE, avec une grande affection.

Bonsoir!

TRICK, s'arrêtant et surpris de la façon dont Jeanne vient de lui dire bonsoir.

Bonsoir! (Avec une fausse vérité.) Tu vois, je m'en vas!... (A part.) Non! j'irai pas! (Il sort.)

* Jeanne, Trick.
** Trick, Jeanne.

SCÈNE XIII

JEANNE, seule, assise devant le guéridon et la lettre déchirée.

Allons ! je me suis trompée !... et je suis perdue !... Mais dans quelle honte suis-je donc tombée, si les plus fidèles parmi ceux qui m'aiment, n'osent plus parler de cet amour sans en rougir pour moi comme d'une injure? — Quelle honte? c'est moi qui le demande?... Le jour où cet homme ne m'a pas dit deux mots qui ne fussent un mensonge !... le jour où il couvre ma main de baisers pour la dépouiller !... le jour où il écrit !... (Elle regarde sa main qui ramasse tous les débris de papier.) Oh ! abusée, rançonnée, dupée, volée, oui !... mais trompée pour une autre !... Tu ne me connais donc pas ; mais je jetterai tout au vent, toi, mon amour, ma vie, la tienne ! tout ! comme cette poussière de ta trahison !... (Elle jette les papiers à terre.) On marche !... (Elle prête l'oreille du côté de la petite porte.) Son pas !... c'est lui ! — Il n'a pas trouvé son autre maîtresse, tenez, et il me revient ! Eh bien ! oui, reviens, va !... Tu trouveras une femme que tu ne cherches pas ; moi aussi je sais mentir, trahir, et donner des baisers qui déchirent et des caresses qui étouffent !... Viens donc ! viens, que je te serre dans mes bras et que tu en meures !... (Elle se tient à l'écart près la cheminée.)

SCÈNE XIV

JEANNE, GASTON. Il entre sans la voir tout d'abord *.

GASTON, posant son chapeau sur une chaise près de la porte et retirant ses gants qu'il jette dans le chapeau.

Ah ! plutôt toutes les certitudes qu'une angoisse pareille !...

JEANNE, affectant le calme.

Vous voilà !...

GASTON, saisi, se retournant.

Ah !... (Il la regarde avec anxiété.)

JEANNE, doucereusement.

Que vous venez tard !...

* Gaston, Jeanne.

GASTON, embarrassé, la regardant.

Oui!... j'ai couru!... Et enfin, me voilà!... (Il descend va à Jeanne, hésitant à la regarder, puis il prend ses mains qu'elle lui tend et va pour les porter à ses lèvres; ses yeux se portent sur un bouton de diamant, il tressaille, et à la vue de l'autre bouton, avec épouvante.) Ah! tous les deux!

JEANNE, tranquillement.

Qu'avez-vous?...

GASTON, tombant à ses pieds à deux genoux.

Tu sais tout!... mais si tu savais aussi, Jeanne, si tu savais ce que j'ai souffert depuis hier!... Ah! tu aurais pitié de moi!... On ne souffre pas davantage! pas même devant tes reproches et ta colère!

JEANNE, avec une fausse douceur.

Suis-je donc irritée?... Regardez-moi!

GASTON, sans l'écouter.

Laisse-moi te dire au moins tout ce qui s'est passé! car — Tu ne peux pas me comprendre et tu dois m'accuser!... Mais si tu savais...

JEANNE.

Je ne veux rien savoir!... (Le forçant à se relever.) Ce bijou était bien à vous, et si j'ai un reproche à vous faire, ingrat, c'est de n'avoir pas eu assez de confiance pour me tout avouer!

GASTON.

Eh bien, oui, c'est vrai! oui, j'aurais dû!... Mais de quel front t'aurais-je demandé ce qu'un homme ne peut demander sans honte à une femme, et surtout à celle qu'il aime? Ah! j'ai été bien coupable, certes, dans ma vie!... Mais attendre de toi autre chose que ton amour!... Ah! le vol, le crime! Tout!... Tout, Jeanne, plutôt que cette honte!...

JEANNE, à part.

Et dire que tout cela encore est un mensonge!...

ACTE TROISIÈME.

GASTON.

Quoi?... qu'as-tu?... tu me regardes!

JEANNE.

Oui, je vous regarde! oui, je vous écoute,... et je vous aime! (Elle s'assied sur le canapé.)

GASTON, venant se mettre à genoux devant elle.

Et tu me pardonnes!... Ah! tu es généreuse, et grande, et bonne, et...

JEANNE.

Oui ; et vous m'aimez toujours uniquement, n'est-ce pas?

GASTON.

Ah! Dieu! uniquement!... Et puis!... (Jeanne regarde la lettre déchirée à terre.) Quoi? Qu'est-ce que tu regardes encore?

JEANNE, souriant.

Rien!

GASTON, suivant ses regards.

Si!... une lettre déchirée?...

JEANNE, de même.

Oui!

GASTON.

Une lettre!... De qui donc?

JEANNE.

Ah! vous êtes jaloux?...

GASTON.

Non!... si vous me dites de qui!...

JEANNE.

Regardez vous-même! — Vous reconnaîtrez l'écriture!

GASTON, surpris et ramassant un petit fragment de papier.

La mienne!

JEANNE, vivement.

Ah! c'est bien votre écriture, n'est-ce pas?... vous la reconnaissez bien?

GASTON, surpris.

Sans doute... oui! (Il va pour ramasser un autre fragment de papier.)

JEANNE.

Non! laissez cela!—Je la sais par cœur cette lettre de votre main : et je puis vous la dire, moi!....

GASTON.

Vous!

JEANNE, de même, en lui tenant les deux mains.

Écoutez bien! (Doucement, et avec amour, redisant les termes de la lettre.) « *Ne m'attends pas ce soir!...* » (Retenant Gaston qui fait un mouvement.) Attendez! (Continuant.) « *Je suis forcé de courir chez un ami qui est à la mort!... Bonsoir, ma chère âme!...* » Reconnaissez-vous aussi votre style?...

GASTON, souriant.

Fort bien! oui!... Pourquoi cette question?

JEANNE.

Pourquoi?... Et vous savez bien aussi à qui vous l'avez écrite, cette lettre?

GASTON, tranquillement.

Sans doute! à toi!

JEANNE.

A moi!

GASTON.

Eh bien, oui! — Vous l'avez donc reçue? Trick me disait que non!

JEANNE.

A moi!... c'est à moi que!... (Éclatant de rire.) Ah! par exemple!...

ACTE TROISIÈME.

GASTON.

Eh bien? quoi?... quel enfantillage!... Tu le sais bien!

JEANNE.

Vous dites?

GASTON, l'interrompant.

Mais la vérité!... voyons!... Je ne pouvais pas revenir dîner!... comme je te l'avais promis, et j'ai écrit ce billet à la hâte : je l'ai remis probablement, car j'étais tellement troublé, et je ne sais plus.... Enfin, j'ai dû le remettre à quelque domestique pour te l'apporter... et puisque tu l'as reçu, et qu'il t'a rassurée, quoi de plus?

JEANNE.

De plus?—Je veux que vous m'expliquiez comment le nom de Sarah se trouve dans cette lettre!... Pourquoi Sarah? A quel propos Sarah!... Quel besoin du nom de Sarah sur ma lettre?

GASTON, cherchant un instant à se souvenir.

Sarah!... Ah! je me souviens! Je te disais : Si tu vas ce soir au bal avec Sarah, tu me trouveras au retour!

JEANNE, ironiquement.

Ah! voilà!

GASTON.

Oui!

JEANNE.

Mais c'est clair!

GASTON.

Sans doute!... Qu'as-tu donc? Est-ce que tu ne me crois pas?

JEANNE.

Moi! par exemple!... Une chose si simple!... D'abord, je crois tout ce que vous me dites autant que vous pouvez le croire vous-même!

GASTON.

A la bonne heure! — Mais dis-moi...

JEANNE.

Non! En voilà bien assez sur ce sujet, n'est-ce pas? — Parlons sérieusement!

GASTON, s'asseyant sur le canapé plus haut qu'elle.

Pourquoi sérieusement!... Puisque tu ne m'en veux plus et que tout est fini?

JEANNE.

Parlons donc *gaiement !* soit!

GASTON, lui prenant les mains et les embrassant.

La main dans la main : parle! j'écoute!

JEANNE, à part.

Serpent!

GASTON.

Nous disons donc?...

JEANNE.

Nous disons, mon pauvre ami, que tout le monde est instruit de notre liaison!

GASTON, frappé.

Tout le monde!

JEANNE.

Jusqu'à mes domestiques! Mon oncle m'en parlait tout à l'heure! Votre ami Roland après lui, et jusqu'à cet homme!...

GASTON, avec désespoir.

Ah! celui-là! c'est ma faute! mon horrible faute! Et je voudrais!...

JEANNE, l'interrompant.

Ne parlons plus du mal... parlons du remède!

GASTON.

Oh! dis?... Que faut-il faire?

JEANNE.

Rien que de bien simple, mon ami. (Le regardant attentivement.) Il faut hâter notre mariage!

GASTON.

Notre mariage!

JEANNE.

Sans doute! — Qu'y a-t-il là qui vous étonne?

GASTON.

Oh! rien! N'est-ce pas mon rêve comme le vôtre? Mais maintenant! déjà?...

JEANNE.

Eh bien?...

GASTON, avec attendrissement.

Ah! je comprends! Je devine d'où vous vient cette idée-là, ma bien-aimée Jeanne! C'est ce qui s'est passé aujourd'hui, n'est-ce pas? Vous me savez ruiné, traqué, aux abois! et vous m'offrez, par bonté... cette fortune! (Reculant.) Ou plutôt... J'ai peur que ce ne soit une horrible épreuve!... car cette offre subite semble si bien me dire : mon argent, mes bijoux, tout serait à vous!... Et vous n'auriez plus besoin de me les dérober!... (Il recule.)

JEANNE, vivement.

Mais non! — Voyons! je vous répète que je parle sérieusement. Mon ami!... voulez-vous m'épouser? oui ou non?

GASTON, nettement.

Eh bien, maintenant, et surtout après ce qui vient d'arriver!... Non!

JEANNE, vivement.

Ah! — Parce que?...

GASTON.

Mais parce que je me mépriserais, Jeanne, comme le dernier des hommes, si j'acceptais une offre pareille. et vous me mépriseriez vous-même!— Mais regardez-moi donc! — Voyez donc qui je suis... Moi!... déconsidéré, taré, perdu, allier ma misère à votre richesse et vous offrir cette main que je n'ai pas encore su rendre digne de l'étreinte des honnêtes gens!... Oh! je ne veux pas que l'on s'écrie, de vous : « Quelle faute!... » de moi : « Quel marché!... » Et déjà trop suspect de n'aimer ici que votre fortune... Je ne ferai certes pas dire que pour plus de sûreté, je l'épouse!...

JEANNE, qui l'a écouté en changeant de visage.

Ah! c'est pour cela!... C'est la raison?

GASTON.

Et quelle autre?

JEANNE, se levant.

Oui!... (Elle prend le flambeau.)

GASTON, surpris.

Quoi donc?

JEANNE, d'un air étrange.

Quoi? — attendez-moi une seconde, et je vais vous le dire!...

GASTON.

Que j'attende?...

JEANNE, s'arrêtant et souriant de même.

Oui! je reviens! ne bouge pas!... (Musique, elle entre dans sa chambre à droite. Gaston la suit des yeux avec étonnement, en silence; elle disparaît.)

GASTON, sans bouger.

Ce regard!.... ce sourire! Qu'a-t-elle donc?... (Appelant) Jeanne! Jeanne!... Voyons! Jeanne! explique-moi!...

JEANNE, rentrant avec le flambeau qu'elle pose sur la cheminée; la porte se referme derrière elle; elle est toute pâle.

Et maintenant, voulez-vous que je vous dise, moi, pourquoi vous refusez de m'épouser? (Éclatant.) Parce que le mariage me

ACTE TROISIÈME.

fait tout perdre! Tu le sais, infâme!... et tu préfères ta maîtresse riche, à ta femme pauvre!

GASTON.

Moi! je... vous avez cru cela?

JEANNE, redescendant.

Si je le crois?...

GASTON.

De moi!... vous!... vous n'y pensez pas!

JEANNE.

Mais ne prends donc plus la peine de mentir! Tu vois bien que c'est inutile à présent!...

GASTON.

Moi, je mens?...

JEANNE, avec colère et folie.

Tu mens! Tu mens toujours, tu mens à tout propos, par nature et par besoin! Et tu as pris soin de m'en avertir toi-même!... Tu mens avec ta bouche, tu mens avec tes yeux!... Tu mens partout! toujours! Et je te hais! (Repoussant Gaston qui veut lui prendre la main.) Va-t'en, lâche, et ne me touche pas, tu me fais horreur!

GASTON.

Allons! c'est de la folie! qu'est-ce que cela encore? Voyons! Jeanne, qu'y a-t-il?

JEANNE.

Mais, vous me croyez donc stupide, enfin?... Je vous dis que votre lettre... Cette lettre!... Entendez-vous bien!... je l'ai trouvée là!.. là!... en débris, déchirée!... Voilà comme je l'ai reçue... ta lettre qui était pour moi!...

GASTON, stupéfait.

Je te jure!...

JEANNE, ironiquement avec un éclat de rire.

Ah! si vous me le jurez! Ah! du moment que vous le jurez*!

* Jeanne, Gaston.

GASTON, effaré.

Mais enfin!....

JEANNE.

Oui, oui, cherche donc tes mensonges et prouve-moi qu'elle n'était pas pour une autre!

GASTON, troublé, de bonne foi, et ne sachant plus ce qu'il dit.

Pour une autre! ma lettre!... Mais voyons, raisonnons! (Il veut lui prendre encore la main, elle le repousse.) Ne t'emporte pas!... Mais je l'ai écrite, n'est-ce pas, et donnée!... L'ai-je donnée? Enfin, oui!... je n'en sais rien!... Mais après tout, à qui voulez-vous?... Ah! je suis bien assez coupable de ce qui est pourtant!... sans m'accuser de ce qui n'est pas! — Et enfin! je suis venu, et c'est moi-même, peut-être!... ou bien... non! Mais enfin (avec force et désespoir) elle était pour toi!... elle était pour toi! Jeanne, voilà ce qui est vrai!...

JEANNE, qui l'a regardé ironiquement et avec mépris, tout le temps qu'il a parlé.

Ah! tenez, vous me faites pitié! Vous ne savez même plus mentir!

GASTON, désespéré.

Mais si je mentais, je mentirais mieux!

JEANNE.

Oh! je m'en fie à vous pour jouer même ce trouble-là!

GASTON.

Oh! mais c'est horrible ce que vous me dites-là?... Jeanne!.. Écoutez-moi!... Regardez-moi au moins!... Ai-je l'air d'u homme qui ment? Et aurais-je des larmes dans les yeux?...

JEANNE, le repoussant.

Vos larmes!... Je les connais! vos larmes! encore un mensonge! vous pleurez! belle affaire! Je ne pleure pas, moi, qui ne suis qu'une femme, et pourtant vous m'avez brisé le cœur,

GASTON.

Ah! la voilà, la punition, la voilà bien!... Et tu doutes de moi, tu me repousses, tu m'écrases!... Toi! — Ah! le ciel n'est pas juste! (Il tombe sur le canapé.)

JEANNE, méchamment.

Vous n'aimez donc pas Sarah?

GASTON.

Sarah?... qui vous a dit? Roland?

JEANNE, vivement.

Roland!... Oh! niais qui se trahit!

GASTON.

Mais je ne lui ai pas dit cela! Jeanne! écoutez-moi?...

JEANNE.

Sarah! chez moi! à ma porte!... Ah! je pouvais vous pardonner d'être un voleur!...

GASTON, se levant vivement.

Ah! c'est une lâcheté, cela! Tu l'avais pardonné déjà!...

JEANNE.

Mais une rivale!... Tu as pu croire que je te pardonnerais... Ah! je ne t'aime plus puisque je te hais!... mais tu penses bien que je ne te hais pas encore assez pour te permettre d'en aimer une autre !

GASTON, à ses pieds, cherchant à se faire écouter en tournant autour d'elle, à genoux.

Laisse-moi!...

JEANNE, sans l'écouter, se dégageant toujours de ses mains.

Et dire que j'ai cru, moi, à l'amour d'un pareil homme!... que j'ai rêvé, moi, le salut de cette âme!... Et j'ai voulu le tirer de son bourbier, et je n'ai pas compris que c'est lui qui m'entraînait dans sa boue! Et j'ai fait tout cela, stupide, parce que tu pleurais, parce que tu te roulais à mes pieds comme à présent!... Et je t'ai tendu la main! cette main que je voudrais couper maintenant, et te jeter au visage pour la punir d'avoir touché la tienne!

GASTON, à genoux, seul, au milieu de la scène.

Ah! accable-moi! injurie-moi! il viendra pourtant bien une heure où il faudra que tu m'écoutes !

JEANNE, près de la cheminée.

Une heure! elle ne viendra pas cette heure-là !...

GASTON.

Que voulez-vous faire?

JEANNE, au milieu de la scène, au delà du guéridon.

Ce que je veux faire?... Ah! vous croyez qu'après avoir aimé un homme tel que vous, je ne me fais pas horreur à moi-même? Vous croyez que j'irai résolûment par les rues maintenant que tout le monde sait ma honte, pour que chacun me montre au doigt, en disant : Voici la femme de cet homme ! jugez de l'une par l'autre !... Allons ! une femme comme moi n'aime qu'une fois, bien ou mal !... et si c'est mal, elle sait bien s'en punir elle-même! (Descendant vers lui.) Tu n'as pas su vivre!... nous allons bien voir si tu sauras mourir !

GASTON.

Mourir ! comment ?...

JEANNE, montrant sa porte.

Comment ? demande-le à cette flamme?

GASTON, comprenant et se relevant d'un bond, épouvanté.

Le feu !... le feu !...

JEANNE, fermant la porte du fond et prenant la clef.

Je brûle ma honte, et nous deux avec !

GASTON.

Allons! êtes-vous folle?... heureusement il est temps encore. (Il s'élance vers la chambre de Jeanne, ouvre la porte et la referme aussitôt, repoussé par la fumée et par la flamme qui brûle la portière de l'autre côté.)

JEANNE.

Ah ! tu m'as voulu dans ton enfer, Démon! —Eh bien, nous y voilà !

ACTE TROISIÈME.

GASTON, courant des portes à la fenêtre.

Jeanne ! c'est insensé ! éteindre le feu, maintenant !... Impossible !... cette porte... la fenêtre, trop haute ! il n'y a que cette porte !— Donne-moi la clef !... donne, je t'en prie ! donne ! (Il descend sur elle cherchant à tordre ses mains pour arracher la clef.) mais la clef ! Donne-moi donc la clef, malheureuse !

JEANNE, tombant sur le canapé.

Frappe-moi donc !... tiens !... C'est la seule infamie que tu n'aies pas commise !

GASTON, reculant.

Ah ! vous ne savez plus ce que vous faites, Jeanne, autrement... (Il court à la porte du fond qu'il cherche à ébranler.) Malédiction, cette porte ! Et cet air qui brûle !... et cette fumée !... Dans quelques minutes !... (Il descend vivement vers elle, puis s'arrête et doucement.) Voyons, tu le vois bien : je ne te touche pas !... Mais je t'en supplie ! je t'en conjure à genoux !... Donne-moi cette clef !... là, voyons !... je suis assez loin de toi !... Je ne puis pas te faire peur ! (Jeanne tourne autour du canapé en remontant, il la suit à distance, suppliant.)

JEANNE.

C'est toi qui as peur ! — Lâche ! qui as peur !...

GASTON.

Eh ! mordieu ! je sais mourir ; mais je ne veux pas que tu meures ! Et je te sauverai malgré toi ! (Il s'élance vers elle.)

JEANNE, reculant jusqu'au secrétaire.

Ce n'est pas moi qu'il faut sauver : sauvez donc mes diamants !...

GASTON, brisé par ce mot, et résolu, froidement.

Ah ! — Eh bien, c'est ce mot-là qui me tue !... tiens ! tu veux que je te délivre de moi, et que je meure ! Eh bien, sois tranquille ! je m'y jetterai plutôt dans tes flammes !... (Saisissant une chaise.) Au diable la vie ! et notre amour ! et le reste qui ne vaut pas un fêtu ! mourons ensemble. (Il s'assied résolûment sur la chaise en cachant sa tête dans ses mains, silence d'une seconde.)

JEANNE, chancelante.

Ah ! cette chaleur !... j'étouffe ! ah ! c'est donc la fin !...

GASTON, ému de la voir souffrir, se levant vivement pour courir à elle.

Jeanne !...

JEANNE.

Laissez-moi !... de l'air. (Gaston court à la fenêtre.) Ah ! le lâche, qui va ouvrir la fenêtre !... si tu ouvres la fenêtre, tu es un misérable !...

GASTON, redescendant.

Oui, oui, je suis un misérable ! — La clef ?

JEANNE.

Tu ne l'auras pas ! ah ! j'étouffe !... (Elle tombe sur le canapé, Gaston veut lui arracher la clef que Jeanne lui dérobe, il court à la porte et l'enfonce.)

GASTON.

Enfin !

JEANNE.

Ah ! l'infâme qui ouvre !... (Elle se relève pour l'arrêter.)

GASTON, la prenant dans ses bras malgré elle.

Ah ! maudis-moi maintenant ! injurie-moi !... voilà qui m'est bien égal !... je te sauve !... (Il la saisit dans ses bras et l'emporte.)

JEANNE, se débattant.

Je ne veux pas !...

GASTON, de même.

Et moi, je veux !...

JEANNE, s'accrochant aux linteaux de la porte pour ne pas sortir.

La mort ! — Oh ! la mort !

GASTON.

Et ! tu l'auras ma mort ! je l'ai juré !...

JEANNE, résistant.

Non !...

GASTON.

Je t'aime ! je t'adore ! entends-tu ? et je meurs en t'adorant! pour t'obéir. (Il la dépose épuisée, évanouie sur le divan de l'antichambre, rentre, referme la porte, tourne la clef et la jette par la fenêtre.)

TRICK, en dehors.

Au feu !...

GASTON, à la fenêtre.

Sauve ta maîtresse ! Et moi ! je meurs ! je ne suis bon qu'à ça ! (Il s'élance dans la chambre de Jeanne qui est en feu.)

ACTE QUATRIÈME

Un salon chez Jeanne. — Fenêtre à gauche, pan coupé. — A droite, idem, porte d'entrée. — Chambre de Jeanne au fond. — Les portières et la porte gardent les traces de l'incendie. — A gauche une causeuse devant la cheminée. Un flambeau achève de brûler sur la cheminée; c'est au petit jour.

SCÈNE PREMIÈRE

SYLVIE, TRICK, ROLAND*.

Au lever du rideau, Trick écoute sur le seuil de la porte de Jeanne; Sylvie à gauche attise le feu, Roland entre sur la pointe du pied par la porte d'entrée, s'avance jusqu'au milieu de la pièce et appelle à demi-voix.

ROLAND, toute cette scène et les suivantes à demi-voix.

Sylvie! — Sylvie!

SYLVIE.

Monsieur Roland... ici?

ROLAND.

Oui, on me fermait la porte! — Mais j'ai forcé la consigne!

TRICK, au fond.

Tais-toi!

ROLAND, baissant encore la voix.

Hein?

TRICK, descendant avec précaution.

Je ne l'entends plus soupirer... si elle pouvait s'endormir!

* Sylvie, Trick, Roland.

ACTE QUATRIÈME.

ROLAND.

Misère!... mon pauvre Trick, c'est donc vrai, ce qu'ils m'ont dit en bas!... Malade, souffrante, la fièvre?...

TRICK.

La fièvre!... Seigneur Dieu! si ce n'était que la fièvre!... Mais depuis que nous l'avons portée sur son lit, Sylvie et moi, c'est le délire! toujours, toujours!

ROLAND.

Le délire?

SYLVIE.

Toute la nuit!..

ROLAND.

Pauvre femme, la secousse, la peur, je crois bien!

SYLVIE.

Taisez-vous! elle appelle!

TRICK.

Non!... D'ailleurs, *ton bon petit* femme est près d'elle! (Il remonte.)

ROLAND.

Madame Canillac... je le sais bien, je sais qu'elle est rentrée. Mais le médecin, le médecin!

SYLVIE.

Il est venu au milieu de la nuit, et je l'attends tout à l'heure! Il a commandé du repos, du silence, de la glace, a parlé de fièvre... de fièvre... Ah! mon Dieu! je ne sais plus comment, mais des mots qui font frémir... (plus bas) et que Trick heureusement n'a pas entendus.

ROLAND.

Il a paru inquiet?

SYLVIE, de même encore.

Oh! oui!... Pensez;— une fièvre pareille! Des cris! des larmes!... Ah! pauvre madame, nous n'avions pas trop tout à l'heure, madame Sarah et moi, de toute notre force, pour la retenir dans son lit!...

ROLAND.

Elle veut se lever!

SYLVIE.

Ah! je crois bien!... Et sortir!... et puis les flammes qu'elle voit partout... et puis *lui* toujours qu'elle appelle!... Ah! monsieur Roland, quelle nuit!... (Elle remonte jusqu'à la porte de Jeanne.)

ROLAND.

Mais *lui*... *lui* justement, *lui* dont vous ne parlez pas? Qu'est-il devenu...

TRICK, qui est redescendu.

Gaston!... (Avec violence.) Ah! j'aurais dû le laisser dans le feu... celui-là qui est cause de tout!...

ROLAND.

Et tu l'as sauvé pourtant?...

TRICK.

Je l'ai sauvé!... C'est pas vrai!... je l'ai trouvé dans *le chambre* de *matame*, évanoui, par terre, dans *le* fumée!.. Je l'ai *tescentu* dans mes bras, et je l'ai fait *porder* chez lui!... par *tu* monde... en leur *tisant* : « Vous allez *garter* cet homme-là!... et vous l'empêcherez de revenir!... je veux *blus* le voir!... je veux *blus* jamais!... je le *duerais!*... »

ROLAND.

En sorte que tu ne sais pas?...

TRICK.

Si... J'ai envoyé savoir de ses nouvelles!... parce que... après tout...

ROLAND.

Ah! bonhomme sublime, va!... Il veut le tuer; mais il envoie demander comment il se porte!

TRICK.

Il revenait à lui, on a dit... « Il reviendra, va ! » Du feu, de l'eau, de partout ils reviennent toujours, les méchants !

SYLVIE, au fond, vivement, en soulevant la portière.

Monsieur Trick, le médecin !...

TRICK.

Ah !... (Il remonte et disparaît dans la chambre de Jeanne.)

ROLAND, cherchant son chapeau.

Bon ! bon, le médecin !... je vais l'amener, moi, le vrai médecin !... Où ai-je fourré mon chapeau ?... (S'arrêtant.) Ah !... ce bruit de pas !... Gaston, peut-être !... (La porte d'entrée s'ouvre et l'on voit paraître Rennequin soutenu par Profilet et Cyprien, comme un homme évanoui.) Rennequin !...

SCENE II

ROLAND, RENNEQUIN, CYPRIEN, PROFILET.

CYPRIEN.

Oui !... il vient de se trouver mal dans l'escalier !

RENNEQUIN.

Ce n'est rien !... l'émotion !... ma sensibilité exaltée !...

ROLAND, lui avançant un fauteuil.

Ah ! je vous connais bien !... On vous aura dit brusquement que votre pauvre nièce...*

RENNEQUIN.

Ma pauvre nièce, oui .. et notre pauvre maison !... qui a failli brûler !...

ROLAND, prêt à sortir, redescendant pour lui serrer la main.

Brave cœur, va !... mais ne vous affectez pas tant que ça,

* Roland, Profilet, Rennequin, Cyprien.

monsieur Rennequin, le malheur n'est pas si grand pour vous que vous pouviez le craindre.

RENNEQUIN.

Merci!... toute une aile calcinée !...

ROLAND.

Oui, mais votre nièce pouvait y rester et vous laisser la douleur d'hériter à sa place et de la pleurer toute votre vie. (Il remonte chercher son chapeau.)

RENNEQUIN.

Elle pouvait y rester, ah! mon Dieu oui; voilà ce que nous nous disions tous trois, en montant l'escalier!... C'est même ça qui m'a...

CYPRIEN et PROFILET, piteusement.

Ah oui!

RENNEQUIN.

Mais elle a une chance !... heureusement.

CYPRIEN et PROFILET, levant les mains au ciel.

Heureusement!

ROLAND, les imitant.

Seulement elle est très-malade!

TOUS TROIS, vivement.

Ah!

ROLAND.

Ainsi!... tout n'est pas perdu!... rassurez-vous!

TOUS TROIS.

Hein!

ROLAND, à Rennequin comme s'il allait l'étrangler, et lui parlant sous le nez.

Rassurez-vous!... Rennequin!... (Il sort.)

SCÈNE III

RENNEQUIN, PROFILET, CYPRIEN[*].

RENNEQUIN, quand Roland est sorti, il se lève.
Mais monsieur Roland!...

PROFILET, l'arrêtant.
Bon! laissez cela!... Il est déjà loin!

RENNEQUIN, héroïquement.
Je sais bien!... c'est pour ça que je le dis!... sans ça!...

CYPRIEN, le retenant.
Laissez donc!... Et parlons de choses plus sérieuses! Je ne me trompais donc pas!...

PROFILET, à demi-voix.
Ces deux hommes qui arrivaient en même temps que nous.

CYPRIEN, de même.
C'étaient des médecins!... donc, il a raison, la cousine est très-mal.

RENNEQUIN, ému.
Pauvre nièce!

PROFILET.
Il ne faut pourtant pas nous abandonner à une fausse...

CYPRIEN.
Crainte...

PROFILET.
Crainte, oui!... Je suis d'avis que monsieur Rennequin aille s'assurer de son état!

---

[*] Profilet, Rennequin, Cyprien, Roland.

RENNEQUIN, ému.

Moi, entrer là?... avec ma nature impressionnable!... jamais!... tout ce que je peux faire... c'est d'écouter à la porte.

CYPRIEN.

Ce que disent les médecins!...

RENNEQUIN.

Ce que disent... oui... j'allais le dire!... vous pouviez me le laisser dire!... (Il écoute au fond.)

CYPRIEN.

Eh bien?

RENNEQUIN.

Je n'entends pas!... l'émotion... qui m'étouffe ;... la tapisserie qui étouffe aussi... Ah! si, j'entends...

PROFILET.

Ah!

RENNEQUIN.

Oui, c'est le son d'une cuiller dans une tasse!... Ah! elle est bien malade!...

PROFILET.

Vous voyez ça à la cuiller!...

RENNEQUIN, descendant.

Non, mais je sens ça ; ma nature si magnétique!... pauvre famille!... voilà où nous en étions il y a quatre ans, dans cette même chambre, pour son mari!... le défunt!... excusez-moi, je ne peux pas me rappeler ça, sans que... pauvre neveu! pauvre nièce!... Seulement il n'y a pas de femme cette fois ci pour hériter à notre place!

CYPRIEN et PROFILET.

Ah non!

RENNEQUIN.

Il n'y a que nous!

ACTE QUATRIÈME.

CYPRIEN.

Que nous trois.

RENNEQUIN.

Que nous trois !... (Les regardant.) Ah! sapristi!... trois!... c'est bien assez!

CYPRIEN.

Désolé de ne pas pouvoir me noyer pour vous être agréable.

RENNEQUIN.

Et ils ont des santés!... (Regardant Cyprien.) Celui-là, surtout. (Désignant Profilet.) Celui-ci me donne encore quelque espoir..! mais il a pour lui ma chance... toujours ma chance!...

PROFILET.

Enfin! quand nous serons là à nous désoler, n'est-ce pas?

RENNEQUIN.

Oui!... quand nous nous désolerons!... Nous ferions peut-être mieux de nous réjouir, pauvre nièce.

CYPRIEN et PROFILET, se récriant.

Oh!

RENNEQUIN.

Non!... Je m'entends!... je ne dis pas nous réjouir comme ça effrontément, parce que l'héritage! — Oh! non! on ne peut pas!... on ne peut pas! Mais je dis au contraire nous réjouir... dans son intérêt?

CYPRIEN et PROFILET saisis.

Dans son intérêt!

RENNEQUIN.

Je m'explique, ça a besoin d'explications... mais enfin, qu'est-ce qu'elle allait faire? quoi? épouser un garnement qui eût fait son malheur. (Assentiment de Cyprien et de Profilet.) Eh bien! au lieu de ça, si la fatalité veut!... (ému,) la voilà sauvée au moins!... Elle ne l'épousera pas, ce gredin-là!... c'est un grand bonheur!...

CYPRIEN et PROFILET.

C'est vrai !

RENNEQUIN.

Un grand bonheur!... au moins, elle n'aura plus de scènes comme celle de cette nuit!...

PROFILET et CYPRIEN.

Le fait est que!...

RENNEQUIN.

Ont-ils fait un vacarme?... Ils apppellent ça de l'amour!... En voilà de l'amour!... mais de mon temps, mais sapristi! nous avions aussi nos petites... mais c'était autrement gai!

CYPRIEN.

Je le crois.

RENNEQUIN.

Ah bigre!... quand je me lançais, moi... quel esprit! quelle verve!

CYPRIEN.

Ah!...

RENNEQUIN.

Mais quand vous direz : *Ah!*... Il en reste bien encore quelque chose.

CYPRIEN.

Vous comprenez que je n'ai pas le temps de vous chicaner là-dessus !

RENNEQUIN.

Mais je crois bien!... tandis que ceux-là... ils s'adorent d'une manière!... des enragés, quoi!... ils se mangent. (Montrant les dents.) Crrr!...

PROFILET, regardant au fond les portières de droite.

Il n'y a qu'à voir les rideaux!... regardez moi ça!

ACTE QUATRIÈME.

CYPRIEN*.

C'est en loques!

RENNEQUIN.

Ça fera encore bien l'affaire de mon cabinet.

CYPRIEN, surpris.

Comment, de votre cabinet?

RENNEQUIN.

Oui!... avec la causeuse. (Tâtant le meuble.) C'est du crin... ça!... tout crin!...

PROFILET, ahuri.

Vous prenez ça pour vous?

RENNEQUIN, ému.

Comme souvenir! — Tout le meuble, oui...

CYPRIEN.

Mais pardon! un instant! La succession compte bien vendre le mobilier tout entier.

RENNEQUIN, levant les mains au ciel.

Ah! la *succession* ! Ah! voilà déjà l'horrible mot! la *succession*!... (Avec une émotion contenue et qui veut être digne.) La *succession*, monsieur, ne sera pas ruinée pour une causeuse, deux fauteuils et quelques chaises dont elle fera cadeau à un oncle!... à un pauvre oncle qui va rester isolé... bien isolé!... Avec la garniture de cheminée aussi, bien entendu!...

CYPRIEN.

Enfin tout le mobilier du salon, quoi?

RENNEQUIN.

Oh! tout le mobilier du salon! — Tout le mobilier du cœur ! monsieur... tant pis pour vous si vous ne comprenez pas ce sentiment-là!

CYPRIEN.

Oh! mais je le comprends très-bien!... je le comprends si

* Profilet, Rennequin, Cyprien.

bien que je prends pour moi la garniture de cheminée du grand salon, comme souvenir.

RENNEQUIN.

Bigre ! quel souvenir... en bronze !...

PROFILET, passant entre eux deux.

Pardon ! Eh bien, et moi dont on ne parle pas ?

RENNEQUIN, navré.

C'est ça, à l'autre... ô humanité !

SCÈNE IV

Les Mêmes, TRICK.

TRICK, au fond, il descend, tout pâle, tout ému, se contenant.
Misérables !

RENNEQUIN.

Hein !...

TRICK.

Voleurs, bandits !... vous êtes là comme des bêtes fauves à vous arracher tout ce qui est à elle !... Attendez donc qu'elle soit morte !...

CYPRIEN et PROFILET.

Mais...

TRICK, serrant les poings avec colère.

Sortez d'ici !... sortez tous !... sortez !...

RENNEQUIN, à Profilet et Cyprien qui sortent en haussant l'épaule.

Oui, sortez !... (A Trick.) Ah ! mon pauvre Trick, nous nous comprenons, nous ! Les plus malheureux ne sont pas ceux qui s'en vont... ce sont ceux qui restent !...

TRICK, serrant les poings.

Eh bien, ne reste pas... va-t'en !...

RENNEQUIN, saisi, le suivant.

Non, mais... moi !... je pleure !

ACTE QUATRIÈME.

TRICK.

Je te dis de t'en aller!

RENNEQUIN.

Mais je vous défends!...

TRICK.

Et moi je te défends de rester...

RENNEQUIN, rageur.

Eh! dites-le donc!... entre amis!... Enchanté de vous être agréable!... (A part.) En voilà un que je flanquerai à la porte, quand je serai le maître!... (Il sort.)

SCÈNE V

TRICK, puis SYLVIE.

TRIKC, à lui-même; apercevant Sylvie qui rentre par la porte.

Ah! Sylvie!... J'ai quitté la chambre!... je pouvais pas... Ces médecins, avec leur air!... je voulais écouter ce qu'ils disaient... je pouvais pas!... Ils sont partis?... Tu les a reconduits jusqu'à la porte!

SYLVIE, étouffant.

Oui!...

TRICK.

Eh bien!...

SYLVIE.

Eh bien!... (Elle veut répondre, mais les larmes l'étouffent et elle tombe assise en pleurant.)

TRICK, d'une voix altérée.

Si malade que cela?... (Sylvie fait signe que oui, en cachant sa figure dans son mouchoir. Moment de silence.) Mon Dieu!... si malade!... Voyons, ne pleure pas!... Il faut pas pleurer... (Contenant ses larmes.) On sait jamais!... les médecins... des bêtes!... Viens! ne pleure pas! (Il la fait lever.) Qu'est-ce qu'ils ont dit?...

SYLVIE, debout.

Ah!... ils n'ont rien dit, mais j'ai bien vu à leur air!

TRICK, effrayé.

Et ils partent!...

SYLVIE, le retenant.

Ils reviendront tout à l'heure!... Tout ce qu'ils ont recommandé, c'est de la laisser bien reposer... parce que la fièvre redouble!... Notre seule chance, c'est qu'elle dorme un peu et que le délire se calme!...

TRICK.

Oh! oui! oui! je comprends.

SYLVIE.

Et surtout empêcher... s'il revenait...

TRICK.

Gaston?...

SCÈNE VI

Les Mêmes, ROLAND.

ROLAND, entrant rapidement par la porte de droite.

Le voici!...

TRICK.

Lui!...

ROLAND.

Oui, oui!... il accourt; je l'ai devancé pour préparer Jeanne à le voir!

TRICK, désespéré.

Ah! il s'agit bien de cela... ah! Dieu, qu'il parte, qu'il parte!... il achèvera de nous la tuer!

ROLAND.

Misère!... jamais!.. (Il s'élance au-devant de Gaston, qu'il arrête sur le seuil de la porte dans le vestibule.)

SCÈNE VII.

Les Mêmes, GASTON, SARAH, entrée au bruit,
puis JEANNE *.

GASTON.

Où est-elle?

ROLAND, le retenant pour l'empêcher d'entrer.

Gaston ! voyons !... de la raison !... tu ne peux pas la voir maintenant !

GASTON.

Je la verrai... où est-elle?

ROLAND.

Dans sa chambre ; mais pour elle, pour toi !...

GASTON.

Eh ! laisse-moi, toi ! (Il se dégage de lui violemment.)

TRICK, lui barrant le passage du côté de la porte de Jeanne.

Va pas !... je t'en supplie !

GASTON.

Ah ! vous me la cachez !... elle est malade !... elle souffre !...

TRICK et ROLAND, le forçant à descendre.

Mais non !...

GASTON, retenu par tous deux.

Elle est morte !... et vous n'osez pas me le dire !... Où est-elle ! je veux la voir.

ROLAND et TRICK.

Gaston !

GASTON, se dégageant.

Je veux la voir !... (Il s'élance vers la porte du fond et arrive à temps pour soutenir Jeanne qui paraît sur le seuil toute pâle et toute chan-

* Sylvie, Sarah, Trick, Roland, Gaston.

celante... Gaston l'enlève dans ses bras et poussant un cri de joie.) Ah ! ma Jeanne bien-aimée !.. c'est toi ! (Il l'entraîne sur le devant de la scène, dans un mouvement de joie et là, reste frappé de stupeur devant Jeanne immobile, qui ne le regarde pas, et qui tremble de fièvre... Silence de tous... Gaston les regarde comme pour les interroger, puis regarde Jeanne en la soutenant.) Mon Dieu !... Jeanne !... qu'y a-t-il ?... (Jeanne ne répond rien, et ne le regarde même pas ; elle cherche seulement en haletant et par un mouvement régulier et machinal comme celui des moribonds à dégager son cou et sa poitrine comme quelqu'un qui étouffe.. Gaston effrayé l'appelle encore plus doucement.) Jeanne ! rien... ma Jeanne ! (Il la dépose sur la causeuse que Trick et Roland ont fait rouler au milieu de l'avant-scène ; épouvanté.) Seigneur Dieu ! voilà donc la vérité ?...

ROLAND, cherchant à l'entraîner.

Hélas oui ! Elle ne te reconnaît même plus !... viens, je t'en supplie !...

GASTON.

Non !... ce n'est pas vrai !... Laisse-moi, je veux lui parler !... Je veux qu'elle me parle !... Jeanne, Jeanne !...

ROLAND.

Avec ce délire qui ne la quitte plus !...

GASTON, revenant à Jeanne.

Ah ! tu es stupide, toi, avec ton délire !... Pourquoi pas son agonie ?... Elle est évanouie... voilà tout... Et quand vous serez tous là, à me regarder... Moi aussi, j'ai le délire, et je n'en meurs pas !... Dès qu'elle m'aura vue, elle me reconnaitra, et la raison reviendra, et la santé, et la vie !... Jeanne, Jeanne, mon amour !...

TRICK, voulant s'opposer à ce qu'il parle à Jeanne.

Je veux pas !...

ROLAND, le contenant en lui montrant Jeanne immobile.

Ah ! maintenant... qu'importe !

GASTON, qui pendant ce temps n'a cessé de chercher à ranimer Jeanne.

Ah ! quand je le dis ! — Elle a tressailli, tenez !... Elle m'entend!... C'est de l'air qu'il lui faut... voilà tout!... Écartez-vous!... c'est de l'air seulement!... (Il tourne autour de la causeuse en les forçant tous à s'écarter.) Mais par charité, écartez-vous donc, quand je le dis! (Silence. Mouvement de Jeanne.) Jeanne!... C'est moi! me reconnais-tu?... Est-ce que tu ne m'entends pas? (Il s'assied sur la causeuse, et prend Jeanne dans ses bras, en cherchant à la ranimer.)

JEANNE, comme quelqu'un qui rêve, sans ouvrir les yeux.

Si!

GASTON, triomphant.

Ah! je le disais bien!... quand je le disais!

JEANNE.

Je brûle... là!...

GASTON, à genoux devant elle.

Ah! si je pouvais prendre ta douleur et souffrir pour toi!... Mais regarde-moi seulement!... dis-moi que tu me reconnais... Tu m'entends, n'est-ce pas? Tu sais que je suis là!... C'est moi, Gaston, sauvé comme toi... et qui t'adore!...

JEANNE, toujours assoupie, la tête au dossier du fauteuil.

Gaston!...

GASTON.

Oui!...

JEANNE, de même, douloureusement, presque à voix basse.

Il est mort!...

GASTON, vivement.

Mais non, puisqu'il est à tes genoux!... Puisqu'il te parle,... puisqu'il serre tes mains dans les siennes en les couvrant de baisers!...

JEANNE, de même.

Il est mort! — Je l'ai tué!

GASTON.

Mais non! ce n'est pas vrai, je suis ici, regarde-moi!

JEANNE.

Si!... Je l'ai tué!... (Pleurant.) Ah! je suis une malheureuse... je l'aimais et je l'ai tué!... (Elle sanglote.)

GASTON, se relevant désespéré.

Ah! mon Dieu! que dire? que faire?...

ROLAND.

Rien!.. Laisse-la reconduire dans sa chambre. et viens avec moi!

GASTON, entraîné par Trick et Roland jusqu'à la porte.

Jamais! la quitter!... Oh! qui sait combien de temps je la verrai encore?...

JEANNE, soulevant un peu la tête, ouvrant l'œil à demi et regardant à côté dans le vide.

Gaston!...

GASTON, accourant à elle.

Elle m'appelle!...

JEANNE, prenant sa main vivement et lui montrant le vide et fermant les yeux.

Le voilà!...

GASTON, répétant sans comprendre en dévorant ses larmes.

Le voilà?...

JEANNE.

Oui, il tourne autour de moi! je l'entends!

GASTON.

Tu m'entends!

JEANNE, le repoussant.

Pas toi!... lui!... le mort!... (Avec effroi.) Comme il me regarde!... Il me menace!... (Poussant un cri.) Gaston!... Laisse-moi!

GASTON, cherchant à la rassurer.

Mais non!... ne crains rien!

JEANNE.

Si!... il m'accuse!... Il veut me punir à son tour!... Je ne veux pas!... laissez-moi... j'ai peur!

ACTE QUATRIÈME.

GASTON.

Mais non!... Ce n'est pas vrai! Jeanne! je ne te menace pas!... Je suis à tes genoux, regarde! et je t'aime!

JEANNE, sans l'écouter, avec passion.

Ah! pardonne-moi! je t'ai accusé!... J'étais folle! Je voulais ta mort et la mienne, l'amour rend stupide, vois-tu! Ah! tu ne m'en veux pas!... n'est-ce pas?...

GASTON.

Mais non!...

JEANNE, parlant toujours à celui qu'elle croit voir.

Tu ne peux pas m'en vouloir!... (Avec passion.) J'étais si jalouse!... Mais ma haine était encore de l'amour... (Tendrement.) Je t'adorais en te tuant, comme à présent, comme toujours!... Tu le sais bien!

GASTON.

Ah! mon Dieu! mon Dieu!...

JEANNE, tressaillant.

Ah! ta voix, ta douce voix. Parle! parle encore! que je t'écoute!... C'est toi!... je te revois!... je te retrouve... je te reprends!... (Elle se soulève avec amour pour embrasser le vide devant elle et se dresse en poussant un grand cri de douleur.) Oh!... Ah! Dieu que je souffre!...

GASTON, avec désespoir et rage.

Ah! l'horrible chose pourtant, voir tout cela! sans pouvoir!...

JEANNE, le repoussant.

Laissez-moi, je brûle!... va-t'en!... (Elle écarte les mains de Gaston qui cherche à la soutenir.) Tes mains me brûlent!... Je te maudis! Je te hais!... Ah! misérable qui m'as trompée pour une autre!... Et ce feu!... partout!... Sur lui! Sur moi! Du feu, jusque dans mon âme!... Ces flammes!... Ah! sauvez-moi! par pitié! sauvez-moi de ces flammes qui me dévorent le cœur!... Là... ici... qui me brûlent!... (Épuisée.) Toute vive!... (Elle retombe.) Toute... toute vive!...

GASTON, qui est tombé à terre aux pieds de Jeanne, avec désespoir.

Et c'est moi! c'est pour moi! c'est à cause de moi!... quand je te disais, misérable, que ton amour la tuerait... Le voilà, ton amour!.. Voilà ce qu'il a fait!... Regarde! Elle souffre par toi! Elle meurt par toi!... Par toi seul!... Infâme qui la volais! Infâme qui la tues!... Et pour ton châtiment, tu la verras souffrir jusqu'à la fin et tu ne pourras rien!... Tu ne peux rien!... rien!... rien!... (Il tombe à terre où il frappe le parquet dans un accès de désespoir insensé.) Tu ne peux rien!

JEANNE.

Il pleure!... (Silence.) Pourquoi pleure-t-il? Dites-lui de ne pas pleurer!... Ce qui arrive n'est pas sa faute! C'est la mienne!... Jeanne, tu ne fais pas ton devoir!... et tu es bien coupable! Comment feras-tu de lui un honnête homme, toi qui ne sais pas rester une honnête femme!

[GASTON, retenu par Roland, à gauche de la scène.

Ah! ne la laissez pas parler ainsi!... Il ne lui manque plus que de me déchirer le cœur en s'accusant à ma place!...

JEANNE, soutenue par Trick, à demi-voix et chancelant sans les voir en parlant au vide devant elle.

Ah! Jeanne, cela était si beau pourtant de lui faire mériter ton amour à force d'honneur et de vertu. Mais il fallait d'abord te défendre de toi-même, misérable femme!... Ah! lâche! lâche! lâche! qui n'as pas su faire ton devoir et rester digne et chaste!... Insensée qui voulais guérir ce cœur malade en lui versant du poison! Le ciel t'a maudite! c'est justice! comme il maudit tous les amours qui osent se passer de lui! Maudite sois-tu, courtisane, qui as pris la passion pour de l'amour! maudite! coupable! maudite!... coupable!... qui as voulu jouer le rôle d'un ange, et qui n'as su être qu'une femme violente! et despote, et jalouse!... Et qui ne savais que l'aimer, l'aimer!... (Avec amour.) Ah! l'aimer ardemment pourtant! Dieu! le tant aimer!... Comment croire que je l'aimais si mal!... moi qui l'aimais tant que j'en meurs!...]

GASTON, s'élançant vers elle et la prenant dans ses bras.

Non! tu ne mourras pas!... Non! non!... (Avec violence.) Reconnais-moi seulement, Jeanne! et je te sauve!

JEANNE, se débattant.

Coupable! coupable!

GASTON.

Ah! reviens, renais, revis!... Et tu verras si je ne t'aimerai pas comme il faut qu'on aime!

JEANNE, se redressant.

Qui parle d'aimer?

GASTON.

Moi!... Gaston... le tien!... Ah! un regard! reconnais-moi! Jeanne!... Ici sous tes yeux! Rien qu'un regard... C'est moi!... reconnais-moi!... (Avec violence.) Ah! je le veux pourtant, regarde-moi donc, je le veux! je le veux! je le veux!

JEANNE, poussant un cri.

Ah! (Elle tremble de tous son corps un moment, les yeux fermés, puis le regarde fixement.)

GASTON.

Oh! mon Dieu! qu'ai-je fait? (Silence d'une seconde, Jeanne toute chancelante les regarde tous, puis aperçoit Gaston et le reconnaît.)

JEANNE.

Gaston!... Ah! (Ses yeux se ferment; elle cherche en balbutiant à retrouver le front de Gaston pour l'embrasser, ses bras se roidissent, elle chancelle, pousse un léger soupir et expire tout doucement, debout dans ses bras.)

GASTON, sans s'apercevoir qu'elle est morte.

Ah! tu m'as reconnu. — Oui, c'est moi, je te sauve, et la vie est encore... à nous... belle et pure!... (Il prend un bras de Jeanne qui retombe, puis l'autre bras qui tombe de même, approche ses lèvres des siennes, il pousse un cri d'horreur et abandonne le corps de Jeanne qui tombe sur le canapé.) Ah! je l'ai tuée!... (Il chancelle et roule à ses pieds comme foudroyé.)

FIN.

EN VENTE CHEZ LES MÊMES ÉDITEURS
PIÈCES DE THÉATRE, BELLE ÉDITION, FORMAT GRAND IN-18 ANGLAIS

L'Echéance, comédie en 1 acte.	1 »	Sortir seule! comédie en 3 actes.	1 50
La Papillonne, comédie en 3 actes	2 »	Le Télégramme, comédie en 1 acte.	1 »
La Perle noire, comédie en 3 actes.	2 »	Marengo, drame militaire en 12 tableaux.	» 50
Le Furet des Salons, comédie en 1 acte.	1 »	La Mule de Pedro, opéra en 2 actes.	1 »
Les Volontaires de 1814, drame en 5 actes.	2 »	Jean Torgnole, vaudeville en 1 acte	1 »
La Fille d'Egypte, opéra en 2 actes	1 »	Henri le Balafré, comédie en 1 acte.	1 »
Le Domestique de ma femme, com. 1 acte.	1 »	La Déesse et le Berger, op.-com. 2 actes.	1 »
Les Prés St-Gervais, comédie en 2 actes.	1 50	Peines d'amour, opéra en 4 actes.	1 »
Les Beaux MM. de Bois-Doré, drame, 5 act.	2 »	Le Père Lefeutre, com.-vaud. en 4 actes.	» 40
L'Idéal, comédie en 1 acte.	1 »	Le Bout de l'an de l'Amour, com. 1 acte.	1 »
Lalla-Roukh, opéra-comique en 2 actes.	1 »	La Maison sans Enfants, com. 3 actes.	1 50
Le Secret du Rétameur, vaud. en 1 acte.	1 »	L'Otage, drame en 5 act. et 6 tabl.	1 »
La Boîte au lait, coméd.-vaud. en 5 actes.	1 50	Crockbète et ses Lions, à-propos. 2 actes.	1 »
Le Café de la rue de la Lune, vaud. 1 acte.	1 »	Bataille d'Amour, op.-com. en 3 actes.	1 »
Le Hussard persécuté, opér.-bouffe, 2 act.	1 »	Diane de Solanges, opéra en 5 actes.	1 »
Delphine Gerbet, comédie en 4 actes.	2 »	Un Joli Cocher, com.-vaud. en 1 acte.	1 »
Danaë et sa Bonne, opérette en 1 acte.	1 »	Le Jardinier et son Seigneur, op.-c. 1 acte.	1 »
Les Maris à système, comédie en 3 actes.	1 50	Les Fiancés de Rosa, op.-com. en 1 acte.	1 »
Le Bord du précipice, comédie en 1 acte.	1 »	Le Brésilien, com.-vaud. en 1 acte.	1 »
Ah! que l'amour est agréable! vaud. 5 act.	1 »	Folammbô, cocasserie carthagin., 4 actes.	1 »
Les Etrangleurs de l'Inde, drame en 5 act.	2 »	L'Oiseau fait son nid, com.-vaud. en 1 act.	1 »
La Servante maîtresse, opéra-com. 2 actes.	1 »	Le Train de minuit, comédie en 2 actes	1 50
Les Mystères du Temple, drame en 5 act.	» 40	Les Toréadors de Grenade, excentr. en 1 act.	1 »
Le Marquis Harpagon, coméd. en 4 actes.	2 »	Les Mystères de l'Hôtel des ventes, comédie-vaudeville en 3 actes.	1 50
Le Château de Pontalec, drame en 5 actes.	1 »	Trop curieux, comédie en 1 acte.	1 »
Le Bossu, drame en 5 actes.	» 50	Nahel, opéra en 3 actes	1 »
Les Fous, comédie en 5 actes.	2 »	C'etait Gertrude, comédie en 1 acte	1 »
Dolorès, drame en 4 actes.	2 »	Le Démon du Jeu, comédie en 5 actes.	2 »
Les Joy. Commères de Windsor, op.-c. 3 act.	1 »	La fausse Magie, opéra-comiq., en 2 actes.	1 »
La Comt. de la place Cadet, vaud. 1 acte.	1 »	Les Bourguignonnes, op.-com. en 1 acte.	1 »
Une Corneille qui abat des noix, com. 3 act.	2 »	La Sorcière ou les Etats de Blois, drame en 5 actes.	» 50
Les Ivresses, comédie en 4 actes.	2 »	Le Secret de Miss Aurore, drame en 5 act.	» 50
Le Chalet de la Méduse, vaud. en 1 acte.	1 »	Un Mari sur des charbons, coméd.-vaudev. en 1 acte.	1 »
Le Lorgnon de l'Amour, comédie en 1 acte.	» 40	Les Diables roses, coméd.-vaud. en 5 act.	1 50
Cadet-Roussel, drame en 7 actes.	2 »	La Fille de Dancourt, comédie en 1 acte.	1 »
Le Mari d'une Etoile, com.-vaud. en 2 act.	1 »	Un Anglais timide, comédie en 1 acte.	1 »
La Reine Crinoline, pièce fantast. en 5 actes, 6 tabl.	» 50	Les Pêcheurs de perles, opéra en 3 actes.	1 »
Les Ganaches, comédie en 4 actes.	2 »	Aladin, ou la Lampe merveilleuse, féerie en 20 tableaux.	» 50
Le Cabaret des Amours, op.-com. 1 acte.	1 »	Diane au bois, comédie en 2 actes, en vers.	1 50
Prisonnier sur parole, comédie en 1 acte.	1 »	Le Carnaval de Naples, drame en 5 actes.	» 50
Les Brebis de Panurge, comédie en 1 acte	1 »	L'Aïeule, drame en 5 actes.	1 »
La Clef de Metella, comédie en 1 acte.	1 »	Les Voyages de la Verité, pièce fantastique en 5 actes.	1 »
Deux Chiens de faïence, com.-vaud. 1 act.	1 »	Montjoye, comédie en 5 actes	2 »
Le Fils de Giboyer, comédie en 5 actes.	2 »	Les Indifférents, comédie en 4 actes.	1 »
L'Ami du Mari, comédie en 1 acte.	1 »	Le Pays latin, dr. en 5 act. mêlé de chant.	» 40
Voilà la chose, revue en 3 act. et 20 tabl.	» 50	Les Troyens, opéra en 5 actes	1 »
La Fleur des braves, com.-vaud en 1 acte.	1 »	Le Dernier quartier, com. en 2 act., en vers.	1 50
Le Bal masqué, opéra en 4 actes.	1 »	Ajax et sa Blanchisseuse, vaud. en 3 actes.	1 »
Philidor, drame en 5 actes.	» 40	La Jeunesse des Mousquetaires, dr., 5 act.	2 »
François-les-Bas-Bleus, drame en 5 actes.	2 »	Les Diables Noirs, drame en 4 actes.	2 »
Les Ruines du Château noir, dr. en 5 actes.	» 40		
La Germaine, comédie en 3 actes.	2 »		
La Bohémienne, opéra en 4 actes.	1 »		
Les Trois Ivresses, vaudeville en 1 acte.	» 60		

IMPRIMERIE L. TOINON ET Cᵉ, A SAINT-GERMAIN.

www.ingramcontent.com/pod-product-compliance
Lightning Source LLC
Chambersburg PA
CBHW071949110426
42744CB00030B/657